电子器件领域文献
实用检索策略

国家知识产权局专利局专利审查协作北京中心　组织编写

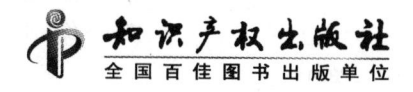

知识产权出版社
全国百佳图书出版单位

内容提要

本书介绍了电子器件领域专利文摘数据库、专利全文数据库以及非专利数据库的特点及其适用性；分类号检索策略、关键词检索策略、专利全文检索策略、非专利文献检索策略以及公知常识及其检索策略；普通类型申请检索策略和特定类型申请检索策略；常规检索手段的调整与转换和非常规检索手段的调整与转换。

责任编辑：王　欣　黄清明	责任校对：韩秀天
装帧设计：海马书装	责任出版：卢运霞

图书在版编目（CIP）数据

电子器件领域文献实用检索策略/国家知识产权局专利局专利审查协作北京中心组织编写．—北京：知识产权出版社，2012.1
ISBN 978－7－5130－0852－5

Ⅰ．①电… Ⅱ．①国… Ⅲ．①电子器件－专利－情报检索 Ⅳ．①G252.7-62

中国版本图书馆 CIP 数据核字（2011）第 198613 号

电子器件领域文献实用检索策略
Dianzi Qijian Lingyu Wenxian Shiyong Jiansuo Celue
国家知识产权局专利局专利审查协作北京中心　组织编写

出版发行：知识产权出版社			
社　　址：北京市海淀区马甸南村1号		邮　　编：100088
网　　址：http://www.ipph.cn			
发行电话：010－82000860 转 8101/8102		传　　真：010－82005070/82000893
责编电话：010－82000860 转 8117		责编邮箱：hqm@cnipr.com
印　　刷：北京富生印刷厂		经　　销：新华书店及相关销售网点
开　　本：787mm×1092mm　1/16		印　　张：9
版　　次：2011年10月第1版		印　　次：2011年10月第1次印刷
字　　数：220千字		定　　价：30.00元

ISBN 978－7－5130－0852－5/G·437（3738）

出版权专有　侵权必究
如有印装质量问题，本社负责调换。

本书编写组

顾问：魏保志　诸敏刚　曲淑君　夏国红
组长：朱晓琳　梁素平
成员：（按姓名拼音排序）
　　　　陈　敏　蒋显辉　凌宇飞　刘中涛
　　　　马志勇　邵　烨　王小东　夏　杰
审定：曲淑君

前　言

　　检索是专利申请实质审查程序中的一个关键步骤，对于持续改善实体审查质量至关重要。时值我局检索质量年，为了进一步提高审查员的检索能力，国家知识产权局专利局专利审查协作北京中心组织撰写了《电子器件领域文献实用检索策略》，以期为审查员的检索工作提供参考和帮助。本书汇集整理了近年来所承担的多项课题研究成果，在内容上主要考虑审查实际需要，并提供了多个检索案例帮助理解和掌握相应的检索技巧，力求为审查员提高检索效率和检索技能提供指导和帮助。

　　本书涉及的审查领域主要为《国际专利分类表》H 部－电学分册中的 H01 大类，主要包括以下几个具体小类领域：H01B－电缆领域、H01C－电阻领域、H01G－电容器领域、H01J－放电灯领域以及 H01L－半导体领域。

　　本书分为四章。第一章"电子器件领域检索资源"介绍了电子器件领域专利文摘数据库、专利全文数据库以及非专利数据库的特点及其适用性；第二章"电子器件领域常规检索策略"介绍了分类号检索策略、关键词检索策略、专利全文检索策略、非专利文献检索策略以及公知常识及其检索策略；第三章"电子器件领域最低检索策略"介绍了普通类型申请检索策略和特定类型申请检索策略，其中特定类型申请检索策略包括进入国家阶段 PCT 申请的检索策略、分案申请检索策略、日本申请、我国台湾地区申请、国内高校申请检索策略等；第四章"电子器件领域实用检索技巧"介绍了常规检索手段的调整与转换和非常规检索手段的调整与转换。

　　本书由国家知识产权局专利局专利审查协作北京中心组织撰写，各章节的主要撰写人员如下：

　　前言　王小东

　　第一章　蒋显辉

　　第二章第一节　王小东

　　第二章第二节　刘中涛、凌宇飞

　　第二章第三节、第四节　马志勇

　　第二章第五节第一部分　夏杰

　　第二章第五节第二部分　邵烨

　　第三章第二节第一部分　邵烨

　　第三章其余部分　马志勇

　　第四章　陈敏、梁素平

　　全书由朱晓琳、梁素平统稿，曲淑君审定。

　　在本书编撰过程中，梁素平、王小东、马志勇、邵烨、刘中涛、夏瑞临、高伟、李明、张乾桢、马永祥、王翠等审查员提供了案例，在此表示感谢！

　　由于编者水平有限，本书难免疏漏和不当之处，恳请读者批评指正。

本书编写组

2011 年 9 月

目 录

第一章　电子器件领域检索资源 …………………………………………………… (1)
一、专利文摘数据库及其适用性 ………………………………………………… (1)
　　（一）中文专利文摘数据库 ………………………………………………… (1)
　　（二）英文专利文摘数据库 ………………………………………………… (2)
　　（三）专利文摘数据库的适用性 …………………………………………… (3)
二、专利全文数据库及其适用性 ………………………………………………… (3)
　　（一）中文专利全文数据库 ………………………………………………… (3)
　　（二）英文专利全文数据库 ………………………………………………… (5)
　　（三）S 系统与 EPOQUE 系统的专利全文数据库的对比 ………………… (6)
　　（四）专利全文数据库的适用性 …………………………………………… (6)
三、外网检索资源及其适用性 …………………………………………………… (6)
　　（一）Google ………………………………………………………………… (6)
　　（二）中国知识资源总库 …………………………………………………… (9)
　　（三）ISI web of knowledge ……………………………………………… (12)
　　（四）Patentics ……………………………………………………………… (15)

第二章　电子器件领域常规检索策略 …………………………………………… (19)
一、分类号检索策略 ……………………………………………………………… (19)
　　（一）ECLA 分类检索策略 ………………………………………………… (19)
　　（二）FI/F-term 分类检索策略 …………………………………………… (26)
　　（三）IPC 分类检索策略 …………………………………………………… (32)
二、关键词检索策略 ……………………………………………………………… (32)
　　（一）依赖于技术主题的关键词筛选 ……………………………………… (33)
　　（二）依赖于数据库的关键词筛选 ………………………………………… (38)
　　（三）依赖于权利要求类型的关键词筛选 ………………………………… (41)
　　（四）关键词的筛选原则和获取方式 ……………………………………… (44)
三、专利全文检索策略 …………………………………………………………… (49)
　　（一）关键词检索策略 ……………………………………………………… (50)
　　（二）分类号检索及相关度检索策略 ……………………………………… (51)
　　（三）全文数据库和文摘数据库检索顺序选择 …………………………… (52)
　　（四）检索案例 ……………………………………………………………… (52)
四、非专利文献检索策略 ………………………………………………………… (54)
　　（一）检索数据库选择 ……………………………………………………… (55)
　　（二）非专利检索中的追踪检索 …………………………………………… (56)
　　（三）关键词扩展 …………………………………………………………… (57)

（四）非专利文献日期确定 …………………………………………（58）
　五、公知常识及其检索策略 ……………………………………………（58）
　　（一）电子器件基础知识索引 …………………………………………（59）
　　（二）公知常识检索 ……………………………………………………（63）

第三章　电子器件领域最低检索策略 ……………………………………（80）
　一、普通类型申请检索策略 ……………………………………………（80）
　　（一）检索前的准备 ……………………………………………………（80）
　　（二）获取检索有用信息的途径 ………………………………………（85）
　　（三）检索 ………………………………………………………………（98）
　　（四）补充检索 ………………………………………………………（104）
　二、特定类型申请检索策略 ……………………………………………（106）
　　（一）进入中国国家阶段PCT申请的检索策略 ……………………（106）
　　（二）分案申请检索策略 ……………………………………………（110）
　　（三）日本专利申请检索策略 ………………………………………（116）
　　（四）国内高校申请检索策略 ………………………………………（116）
　　（五）我国台湾地区申请检索策略 …………………………………（118）

第四章　电子器件领域实用检索技巧 ……………………………………（121）
　一、常规检索手段的调整与转换 ………………………………………（121）
　　（一）分类号的调整 …………………………………………………（121）
　　（二）关键词的调整 …………………………………………………（122）
　　（三）数据库的调整 …………………………………………………（125）
　　（四）追踪检索 ………………………………………………………（129）
　　（五）算符的调整 ……………………………………………………（131）
　　（六）公司代码检索 …………………………………………………（133）
　二、非常规检索手段的调整与转换 ……………………………………（134）
　　（一）图片入口检索 …………………………………………………（134）
　　（二）行业协会网站入口检索 ………………………………………（135）

第一章　电子器件领域检索资源

本章从电子器件领域专利审查的实际出发，对电子器件领域的主要检索资源作基本介绍，并对各检索资源在电子器件领域中的适用性进行简单归纳，旨在使读者快速了解在电子器件领域专利检索中通常使用的数据库资源以及在使用这些检索资源时应该注意的问题。

一、专利文摘数据库及其适用性

（一）中文专利文摘数据库

中文专利文摘数据库包括 CPRS 系统中的中国专利文摘数据库（以下简称 CNPAT）以及专利检索与服务系统（以下简称 S 系统）中的 CNABS、CPRSABS、TWABS、MOABS。

CPRS 系统的 CNPAT 和 S 系统中的专利数据库的主要算符以及分类号情况见表 1-1。

1. CPRS 系统中国专利文摘数据库

CNPAT 主要特点：

（1）检索和浏览速度快，相对友好的中文检索界面。

（2）提供特殊运算符：同义词算符"#"和前方一致算符"%"（更多算符见表 1-1）。

（3）包含的中文专利摘要数据全面（自 1985 年以来全部专利），而且更新快。

2. S 系统中文专利文摘数据库

S 系统中的中文专利文摘数据库包括 CNABS、CPRSABS、TWABS 和 MOABS。

1）S 系统中的算符

（1）S 系统的同在/邻近算符：F（同字段），P 或 L（同段），S（同句），nW（有词序的邻近），=nW（有词序的邻近），nD（无词序的邻近），=nD（无词序的邻近），其中 n 为自定义前后词相距的字符数目。

此处注意，如检索"X-RAY"应输入"X 1W RAY"或直接输入"X-RAY"，这与 EPOQUE 有所不同。

（2）S 系统的截词符："?"代表 0~1 个字符，"#"代表 1 个字符，"+"代表任意个字符。

2）S 系统中 CNABS、CPRSABS 与 CPRS 系统中 CNPAT 的对比

（1）CNABS 与 CNPAT 的对比

a. CNABS 数据更为丰富。CNABS 除包括 CNPAT 中的所有内容之外，还包括 DWPI 和 SIPOABS 中收集的中国专利英文信息和其他数据。

b. 支持的算符不同。CNABS 支持关键词之间的同在（S/P/F）和邻近运算（D/W），CNPAT 仅支持关键词之间的简单逻辑运算。

c. 支持不同分类号检索。CNABS 除了支持 IPC 分类检索外，还支持 ECLA、UC、FI、

F-TERM、DC、MC 分类检索，而 CNPAT 仅支持 IPC 分类检索。

（2）CPRSABS 与 CNPAT 的对比

a. 数据基本相同。但目前 CNPAT 数据更新速度要比 CPRSABS 稍快。

b. 支持的算符不同。CPRSABS 支持关键词之间的同在和邻近运算，CNPAT 仅仅支持关键词之间的简单逻辑运算。

3）S 系统中 TWABS 和 MOABS 的使用

在电子器件领域中，对 TWABS 的使用主要是以申请人和发明人作为检索入口检索相关申请人或发明人在台湾地区的申请情况，而 MOABS 很少用或者不用。在 S 系统中通过在"核心检索"模式中勾选"混排历史"栏下方的"简繁体"即可同时进行简繁体检索（应该注意中国大陆和我国台湾地区对相同术语表述的差异性）。

（二）英文专利文摘数据库

英文专利文摘数据库主要包括 S 系统中的 DWPI、SIPOABS 和 CPEA 以及 EPOQUE 系统中的 WPI 和 EPODOC。

1. DWPI 数据库

DWPI 继承 WPI 的特点，其中 DWPI 与 WPI 的主要差异见表 1-1。

表 1-1　CPRS 和 S 系统中的专利数据库分类号以及算符基本情况表

检索系统	数据库名		分类号检索							关键词检索算符				日期范围算符
			IPC	EC	FT	FI	UC	DC	MC	逻辑算符	同在算符	邻近算符	其他算符	
CPRS	CNPAT		√							与（*）或（+）非（-）	无	无	同义词（#）前方一致（%）	＞例890101＞991231
S 系统	中文文摘	CNABS	√	√	√	√		√	√	与 AND 或 OR 非 NOT	F（同字段）P、L（同段）S（同句）	D nD =nD W nW =nW	截词符"?"，代表0-1个字符；"#"代表1个字符；"+"代表任意个字符。	＞ ＞= ＜ ＜= :
		CPRSABS	√											
		TWABS	√											
		MOABS	√											
	英文文摘	SIPOABS	√	√	√	√								
		DWPI	√	√	√	√		√	√					
		CPEA	√											
	中文全文	CNTXT	√											
	英文全文	USTXT	√				√							
		EPTXT	√	√										
		WOTXT	√											

(1) DWPI 数据比 WPI 更全面，DWPI 收录的年代更早。

(2) DWPI 在 WPI 的基础上增加了 EC/FT/FI/UC 分类字段，并将 ICO 引得码并入了 EC 分类中。

2. SIPOABS 数据库

1) SIPOABS 的主要特点

(1) 包括丰富的分类信息，如 EC、UC、FI/FT 等，可以根据分类体系及相关文献的分类特点进行有针对性的检索。

(2) 数据库中还收集了申请人引用的文献、检索报告中的文献、审查时引用的文献，因此适用于进行引证和被引证的追踪检索。

(3) SIPOABS 与 EPODOC 数据库一样，均是以一个文本（公开或公告）为一个记录进行数据存储。

(4) 数据库中专利文献的发明名称和摘要基本上采用申请人撰写的原始发明名称和摘要，对于同一技术术语的表述可能会因申请人的不同而不一致。

2) SIPOABS 与 EPODOC 的比较

二者主要的不同就是 SIPOABS 的数据比 EPODOC 数据信息更丰富，如 EPODOC 中一些文献缺少专利摘要和标题的情况，在 SIPOABS 中基本得到了补充。

（三）专利文摘数据库的适用性

1. 专利文摘数据库的主要优势

专利文摘数据库检索噪声相对较少，专利文摘库的分类体系相对全面，专利文摘数据库具有丰富的检索入口，如 WPI、DWPI 中的 CPY 字段等。

2. 专利文摘数据库的局限性

(1) 专利文摘数据库中的词语比较上位，当检索发明点较低的申请或发明点体现在较下位的细节申请时，有可能得不到合适的检索结果。

(2) 专利文摘数据库往往只有一幅摘要附图或者缺少摘要附图，从而使其在确认专利文献的相关度方面存在一定的局限性。

3. 专利文摘数据库的使用建议

选用专利文摘数据库检索时，应该首先掌握各个专利文摘数据库自身的特点（如检索字段、收录情况等），并通过转库合理利用各个数据库的特点，当需要关注更为下位或更为细节的信息时，将专利文摘库检索结果转入专利全文库进行二次检索则是十分有效的手段。

二、专利全文数据库及其适用性

（一）中文专利全文数据库

1. 中国专利全文检索系统

1) 基本情况

中国专利全文检索系统装载了 1985 年以来中国发明和实用新型的专利全文信息以及外观专利的附图。

2)使用方法

中国专利全文检索系统提供了表格检索模式和高级检索模式,其主界面如图 1-1 所示。

图 1-1 中国专利全文检索系统主界面

(1)图 1-2 为表格检索窗口,其中提供了多种检索入口,表格检索可通过单击图 1-1 菜单栏的"检索"→"表格检索"进入。

(2)图 1-3 为高级检索模式窗口,高级检索模式通过单击图 1-1 菜单栏的"检索"→"高级检索"进入。

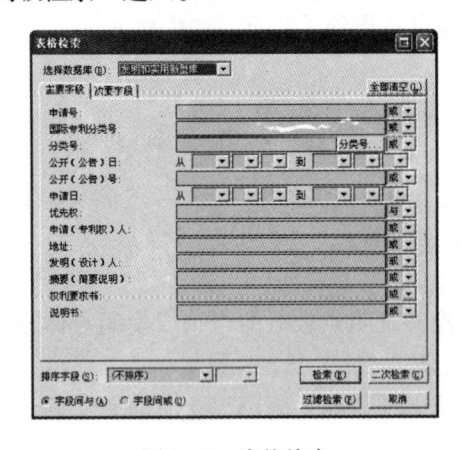

图 1-2 表格检索

图 1-3 高级检索

(3)高级检索和表格检索模式中相关按钮功能(如图 1-2 和图 1-3 所示)

a. 在高级检索模式中单击检索条件栏下方的"与"、"或"、"非"、"紧跟"、"同行"以及括号,表达检索式或检索词之间的逻辑运算和优先级关系。

b. 双击高级检索的别名列表中缩写名,调用其对应的字段,如双击别名列表中的 EFL(分类号),然后在检索条件栏中出现"EFL"后输入的"=H01L21/00"。

c. 高级检索的"紧跟"按钮,单击该"紧跟"按钮后在检索条件栏中出现"pre/10",则表示其连接的前后两个检索词之间相邻 10 个字符以内。

d. 高级检索的"同行"按钮,单击该"同行"按钮后在检索条件栏中出现"and/seg",则表示其连接的前后两个检索词出现同一段落内。

e. 高级检索和表格检索模式的"二次检索"是在前次检索结果之内进行进一步的检索。

f. 高级检索和表格检索模式的"过滤检索"是在前次检索结果之外进行的二次检索。

g. 高级检索和表格检索模式的"排序字段"是将检索结果依据相关排序（相关度）、分类号、申请号等进行排序。

2. S 系统 CNTXT 数据库

1) CNTXT 数据库的主要特点

（1）CNTXT 是中国专利全文文本代码化数据库。

（2）CNTXT 运用于 S 系统，其支持 S 系统的各种算符和语法，CNTXT 中对收录文献进行 IPC 分类号标引，可采用 IPC 分类号进行检索。

2) CNTXT 与中国专利全文检索系统数据库的对比

从表 1-2 可以看出，其中 CNTXT 与中国专利全文检索系统均支持分类号检索、高亮显示等，但两者在同在/邻近算符、浏览相关、转库方面有所差异，具体情况见表 1-2。

表 1-2 CNTXT 与中国专利全文检索系统对比情况表

	CNTXT	中国专利全文检索系统
同在/邻近算符	F, P, S, nW, nD 等	紧跟"pre/10"，同行"and/seg"
分类号	支持 IPC	支持 IPC
高亮显示	高亮显示检索关键词	高亮显示检索关键词
全文代码数据	有	有
说明书附图	有，但需转入详尽浏览查看	有，可直接打开浏览，较方便
结果相关度排序	不支持	支持
转库	支持，可与 S 系统中其他数据库进行转库操作	不支持，仅单库操作

（二）英文专利全文数据库

1. S 系统英文全文数据库

表 1-3 为 S 系统英文全文数据库 EPTXT、WOTXT、USTXT 基本情况一览表。EPTXT、WOTXT、USTXT 均支持 IPC 分类号检索，且其中 EPTXT 还支持 EC 分类号的检索，USTXT 还支持 UC 分类号的检索。

表 1-3 S 系统英文全文数据库基本情况

数据库	年代范围	数据内容
EPTXT	1978 年至今	EPTXT 数据包括的专利信息主要有公开信息、说明书、权利要求
WOTXT	1978 年至今	WOTXT 数据包括的专利信息主要有公开信息、说明书、权利要求
USTXT	1976 年至今	USTXT 数据包括的专利信息主要有公开信息、申请信息、优先权信息、说明书、权利要求

2. EPOQUE 系统英文全文数据库

EPOQUE 系统常用的英文全文数据库包括 TXTEP1、TXTWO1、TXTGB1、TXTUS0、TXTUS1、TXTUS2、TXTUS3、TXTUS4。

（三）S 系统与 EPOQUE 系统的专利全文数据库的对比

（1）S 系统专利全文数据库支持分类号检索，EPOQUE 系统的全文数据库不支持对分类号的检索。

（2）S 系统专利全文数据库包括中国专利全文数据库 CNTXT，EPOQUE 系统不包括中国专利全文数据库。

（3）S 系统专利全文数据库支持多个全文库之间联合的族数据库检索，EPOQUE 系统的专利全文数据库之间不能进行联合的族数据库检索。

（四）专利全文数据库的适用性

1. 专利全文数据库的主要优势

相对于专利文摘数据库而言，专利全文数据库的信息量更为立体、全面。

2. 专利全文数据库的局限性

专利全文数据库检索的噪声较大，检索时应该注意通过转库等手段进行降噪。值得注意的是，S 系统专利全文数据库提供了分类号检索。

3. 专利全文数据库的使用建议

选择专利全文数据库进行检索通常是在专利文摘数据库检索进行到一定程度之后，通过转库将文摘库的检索结果转入到全文库，进而对文摘数据库中无法检索的细节信息进行针对性的二次检索以筛选出合适检索结果。在某些情况下，也适用于直接、优先在全文库中进行检索。

三、外网检索资源及其适用性

（一）Google

1. Google 检索语法

Google 主要的算符和语法见表 1-4。

2. Google 工具栏

Google 工具栏提供的搜索框、生成自定义搜索以及高亮等功能能够提高 Google 的检索效率。以下结合图 1-4 对 Google 工具栏进行介绍。

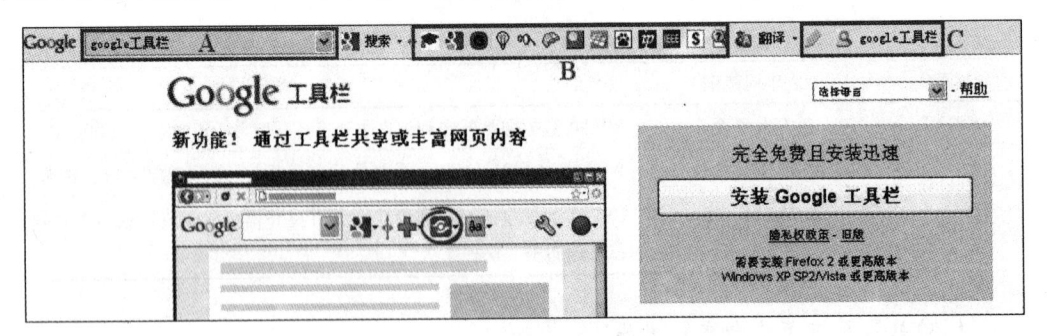

图 1-4　Google 工具栏安装及界面

表 1-4　Google 检索语法表

操作运算符名	操作符或运算符号	相关实例和注释
逻辑与	AND 或 空格	A AND B，A 空格 B 注：AND 需大写，一般不用输入 AND，而直接用空格代替即可
逻辑或	OR 或者 |	A OR B，A | B 注：OR 需大写
逻辑非	-	A 空格 - B 注：如果"-"前后均没有空格时，即 A 和 B 中间为英文连词符号，A - B 表示 A 和 B 相互连接，A 与 B 中间为"-"连词符号，或 A 与 B 之间间隔一个词符，A 在 B 之前出现
精确搜索或强制检索停用词	+	A 空格 + B（将忽略对 B 的同义词的检索，而严格匹配 B） 注：如 B 是停用词，❶ 则强制检索并匹配该停用词，该功能也可使用英文双引号实现，如 A 空格 "B"
词组搜索	" "	"thin film transistor"，检索结果将精确匹配该词组
同义词	~	~Si，表示将 Si 相关词一并检索，比如 Silicon、Si 等同义词 注：同义词符号"~"不支持中文关键词的同义词检索
数值范围	..	温度 100..300
通配符	*	Robot * machine 注：通配符 * 表示一个或多个任意未知的字词
域搜索	Site:	Silicon Site：yahoo.com，只在域名为 yahoo.com 网站中找出 silicon 相关信息或资料

（1）Google 工具栏提供的 Google 检索输入框。

（2）Google 工具栏自定义搜索图标，通过在图 1-4 的 A 搜索框中输入检索词，然后会在每个自定义搜索图标都会出现一个小的放大镜，单击对应的搜索图标，可直接返回对应搜索网站提供的搜索结果，自定义搜索图标可按照图 1-5 步骤进行添加。

（3）Google 工具栏高亮工具，单击黄色的笔，即可以高亮并查找搜索框内的检索词。

---

❶ 关于停用词，参见 http://www.link-assistant.com/seo-stop-words.html。

图 1-5　Google 工具栏添加自定义搜索

3. Google 检索入口

Google 在专利审查中较为常用的检索入口分别是：Google 网页搜索、Google 学术搜索、Google 专利搜索。

1）Google 网页搜索（Google Web）

Google 网页搜索提供了简单检索模式和高级检索模式，其默认的检索模式如图 1-6 所示的简单检索模式。

图 1-6　Google 网页检索主界面图

单击图 1-6 中输入框后的"高级"，开启 Google 的高级检索模式，Google 的高级检索模式的界面如图 1-7 所示。

图 1-7　Google 网页高级检索模式界面图

2) Google 学术搜索（Google Scholar）

Google 学术搜索具有中文版和英文版两种检索入口：

Google 学术搜索中文版：http：//scholar. google. com/schhp？ hl = zh-CN（无图示）

Google 学术搜索英文版：http：//scholar. google. com/schhp？ hl = en（如图 1 - 8 所示）

（1）限定对文章检索：在限定检索文章时，可以勾选或不勾选"包括专利"。另外，也可通过在检索式后添加" - patent"过滤检索结果中的专利信息。

（2）限定对法律意见和公报检索。

3) Google 专利搜索（Google Patents）

Google 专利搜索的主界面如图 1 -9 所示。

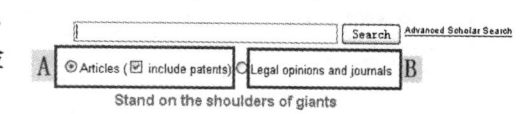

图 1 - 8 Google 学术检索英文版界面

图 1 - 9 Google 专利检索主界面

Google 专利搜索同样提供了高级检索模式，其提供了多种检索入口。Google 专利搜索提供了分类号检索入口，并且检索结果可按相关度和时间排序，与 Google web 基本一致。

4. Google 在专利检索中的适用性

Google 的信息量丰富，集成了非专利和专利以及其他技术信息，利用 Google 对检索结果的排序功能，可以快速查找相关的技术内容，对于了解技术背景或相关领域的非专利文献十分有益，以下申请可优先利用 Google 检索：

（1）国内外研究机构、学术机构或个人的申请；

（2）背景技术中提及或引用非专利文献的申请；

（3）理论性强、公式多的前沿申请；

（4）发明点较低、且在专利库中检索时因为检索噪声的原因无法进行有效检索的申请；

（5）在专利文献库中无法获取适当结果的申请。

（二）中国知识资源总库

1. 数据库简介

中国知识资源总库（CNKI）包括国家知识产权局内网旧平台下 CNKI 系列数据库以及外网新平台下 CNKI 系列数据库。

推荐使用外网新平台下 CNKI 系列数据库进行检索，其数据更新速度快。

2. CNKI 检索新平台

1）访问方式

打开外网的非专利资源门户页面（图 1-10，网址：http://www.sipo.gov.cn/nonpatent），然后单击左边栏下"新平台"进入到 CNKI 新平台。

图 1-10 CNKI 新平台访问方式演示图

2）CNKI 新平台使用

CNKI 新平台共提供了 10 种不同的检索模式，分别通过单击图 1-11 最上沿的按钮"简单检索"、"标准检索"等进行选择。

图 1-11 CNKI 新平台检索页面图

（1）专业检索模式

图 1-12 是 CNKI 专业检索模式页面，专业检索构建检索表达式依据一定的语法规则，下表 1-5 是专业检索的检索表达式语法表。❶

表 1-5 CNKI 新平台检索语法表

功能	运算符	注　释	适用的检索项
逻辑	AND OR NOT	检索项或检索词之间的逻辑关系	所有检索项均可适用
	str1 * str2（str1，str2 均表示检索词，下同）	检索词之间的逻辑与关系	
	str1 + str2	检索词之间的逻辑或关系	
	str1 - str2	检索词之间的逻辑非关系	
包含	= str	将检索词限定在某一检索项内并精确匹配，如 FT = str	
模糊	% str	将检索词限定在某一检索项内并模糊匹配，类似 S 系统中截词符"+"，如 FT% str	

---

❶ 更详尽的检索表达式语法表参见 http://dlib.cnki.net/kns50/scdbsearch/HelpExamples.aspx。

续表

功能	运算符	注　释	适用的检索项
词距	='str1 # str2'	str1 与 str2 出现在同一句中, 无先后词序	除关键词、作者、第一作者、单位、来源、基金之外, 均可适用
	='str1 % str2'	str1 与 str2 出现在同一句中, 有先后词序, 即 str1 出现在 str2 之前	
	='str1 /NEAR N str2'	同句, str1 与 str2 相距间隔小于 N 个词, 无词序	
	='str1 /PREV N str2'	同句, 按词序出现, 间隔小于 N 个词	
	='str1 /AFT N str2'	同句, 按词序出现, 间隔大于 N 个词	
	='str1 /SEN N str2'	str1 与 str2 间隔不超过 n 句	除关键词、作者、第一作者、单位、来源、基金、题名之外, 均可适用
	='str1 /PRG N str2'	str1 与 str2 间隔不超过 n 段	除关键词、作者、第一作者、单位、来源、基金、题名、摘要、主题、参考文献之外, 均可适用
词频	='str $ N'	str 出现的频率大于等于 N 次	除关键词、作者、第一作者、单位、来源、基金之外, 均可适用

　　如检索主题为发光二极管, 在全文的同一句中出现"反射杯"和"透镜", 且全文的同一句中还出现"封装"和"树脂", 可在检索表达式栏中构建: 主题 = 发光二极管 AND 全文 = '反射杯 # 透镜' * '封装 # 树脂'（图 1 - 12）。

图 1 - 12　CNKI 专业检索界面图

在构建专业检索表达式时应该注意:
第一, 检索项可以是中文名称, 也可以是与之对应的大写英文缩写。❶

---

❶ 部分检索项的汉语与英文缩写对应表请参见 http://epub.cnki.net/grid2008/help/jiansuoyufa/help_yufa.htm。

第二，所有的标点或算符均应是英文拼写方式下进行输入的。

第三，对于检索项而言，其在不同的数据库可能表述方式不一致，如期刊库检索项的"第一责任人"在博硕库中与其对应的检索项则表述为"作者"，跨库与单库检索项对应表可参见 CNKI 网站的介绍。❶

(2) 学者检索模式

在 CNKI 中查找申请人、发明人或相关技术人员发表的学术论文、会议论文、硕博士论文，可使用 CNKI 新平台下的"学者检索"，"学者检索"模式如图 1 – 13 所示。

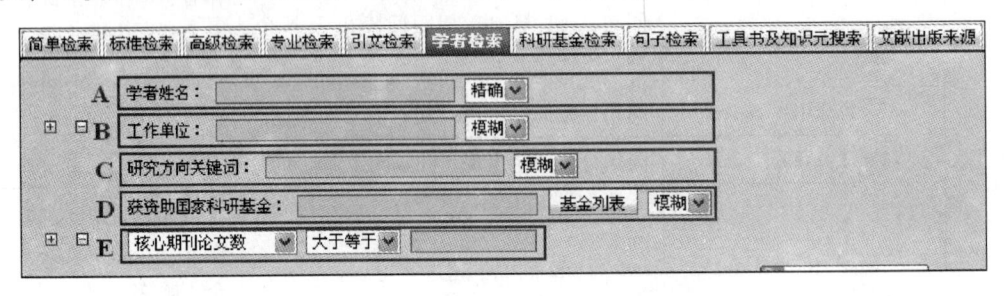

图 1 – 13　CNKI 学者检索界面图

a. 学者姓名输入框，其后还可以选择精确或模糊，如选择模糊，在学者姓名输入框中输入"张三"，则将检索所有姓名以"张三"开头的人所发表的文章，而当选择精确时，只检索姓名为张三的人所发表的文章。

b. 工作单位输入框，同样可以选择精确或模糊进行检索。

c. 研究方向关键词输入框，同样可以选择精确或模糊进行检索。

d. 获资助国家科研基金输入框，可直接输入或通过后边的基金列表进行选取，同样其可进行精确或模糊匹配检索。

e. 对发表文章的质量或篇数进行限定，如选择"核心期刊论文数"大于等于 3，则只检索发表核心期刊论文数大于等于 3 篇的学者。

3) CNKI 的适用性

当所检索的申请是国内高校或科研单位申请或个人申请时，可优先选择到 CNKI 中进行检索。其中采用"学者检索"模式追踪相关的申请人（个人）或发明人发表的非专利期刊文献，采用"专业检索"模式构建专业检索式，对非专利期刊文献进行全文检索。

(三) ISI web of knowledge

1. 数据库简介

ISI web of knowledge 包括电子器件领域的 4 个重要数据库，即 Web of science、Current contents connect、Derwent innovations index 以及 Inspec。

2. 检索语法和规则

ISI web of Knowledge 检索平台的检索语法和规则如下。

---

❶ 跨库与单库检索项对应表参见 http://dlib.cnki.net/kns50/scdbsearch/HelpDuiZhaoBiao.aspx。

(1) 布尔逻辑运算符：AND、OR、NOT 和 SAME 可用于组配检索词，从而扩大或缩小检索范围。布尔逻辑运算符不区分大小写。例如，SAME、Same 和 same 返回的结果相同。

a. AND、OR、NOT，即逻辑与、或、非。

b. SAME 可查找被该运算符分开的检索词出现在同一个句子中，所述句子为文献题名、摘要、单个地址中句子。

c. 算符优先级 SAME > NOT > AND > OR，另外可以通过括号改变优先级。

(2) 通配符：所有可以使用单词和短语的检索字段均可以使用通配符，它们可在检索式中表示未知字符。

a. 星号（*）表示任何字符组，包括空字符。

b. 问号（?）表示任意一个字符。

c. 美元符号（$）表示零或一个字符。

d. 双引号，如"silicon nanocrystal"表示精确查找该短语。

(3) 检索字段："高级检索"中的检索字段即类似一般检索模式下"检索范围"列表中的检索范围标识，如检索字段"TS"类似检索范围中的主题。

3. 跨库检索

ISI Web of Knowledge 提供了跨库检索功能，即类似 EPOQUE 或 S 系统中的族数据库的检索。跨库检索界面如图 1-14 所示。

1) 访问方式：单击页首上的所有数据库，即进入跨库检索模式。

2) 输入检索条件注意：

(1) ISI Web of Knowledge 只支持英文检索。

(2) 检索范围中的"主题"类似专利文摘数据库中的关键词检索。

(3) 作者检索时，如"张小五"则可输入"zhang xw"、"zhang x * w *"、"x * w * zhang"以及"xw zhang"。

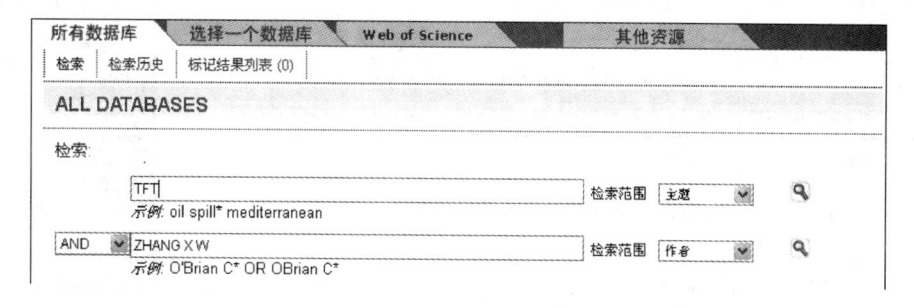

图 1-14 跨库检索界面图

4. 单库检索

ISI Web of Knowledge 提供了单库检索功能。

1) Web of science 数据库检索

Web of science 数据库检索提供了一般检索模式（默认进入界面即一般检索模式）、高级检索模式等检索模式（如图 1-15 所示）。

(1) Web of science 数据库一般检索模式

图 1-15　Web of science 一般检索界面图

a. 检索功能模块：提供了快速返回检索页面的"检索"按钮、"被引参考文献检索"模块按钮、"化学结构检索"模块按钮和"高级检索"模块按钮等。

b. 输入检索条件：在输入框中输入检索词，各个输入框之间的关系可以通过单击输入框左侧的"AND"下拉栏，改变输入框之间的逻辑运算关系，如可以选择 AND、OR 或 NOT。

c. 检索范围：用于控制输入框内检索词的检索范围，检索范围有主题、标题、作者、团体作者、编者、出版物名称、出版年、地址、会议、语种、文献类型、基金资助机构、授权号 13 种检索范围。

由于化学结构检索在电子器件领域中并不常用，因此不作介绍。

（2）Web of science 数据库高级检索模式

Web of science 数据库高级检索模式界面如图 1-16 所示。

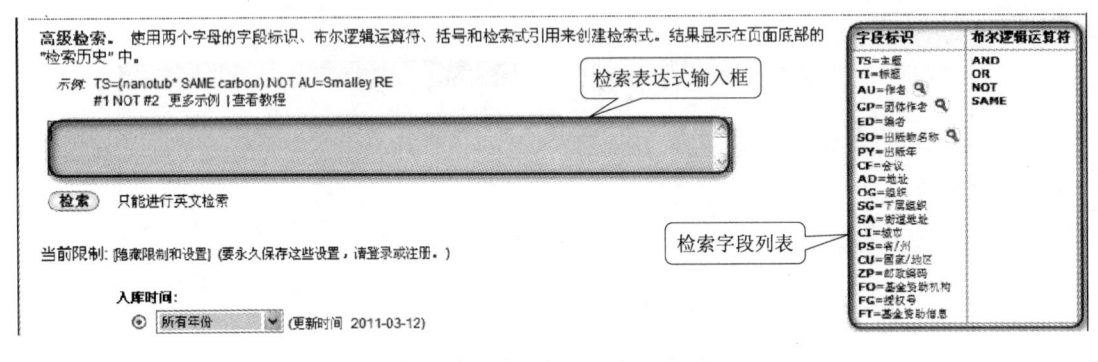

图 1-16　Web of science 高级检索界面图

ISI Web of Knowledge 检索平台下的"高级检索"与 CNKI 中的专业检索模式类似，可根据 ISI Web of Knowledge 检索平台的检索语法和规则构建检索式。

2）Inspec 数据库检索

Inspec 一般检索界面如图 1-17 所示。Inspec 在检索范围栏提供了以下几个特色的检索范围：

（1）受控词索引以及包括非受控索引词在内的受控词索引。

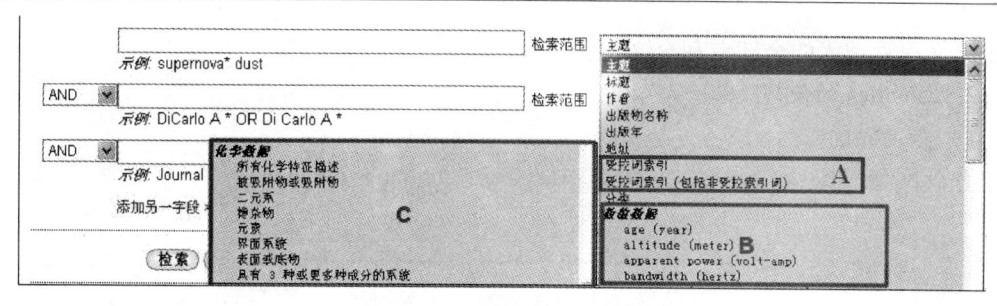

图 1-17 Inspec 一般检索界面图

（2）数值范围，提供了如年份、高度、温度、电容、电压、波长等数值范围的检索。如选择其中的"temperature（Kelvin）"时，如图 1-18 所示，可在对应的检索输入框内分别输入数值范围的端值，其他数值范围检索的输入方式与此类似。

图 1-18 数值范围检索输入示例图

（3）化学数据，其提供了化学物质的 3 种基本角色代码（元素、二元系、具有 3 种或更多种成分的系统）和 4 种具体的物质标示符（掺杂物、被吸附物或吸附物、界面系统、表面或底物）。电子器件领域会涉及一些无机化合物，如检索形成在 GaAs 衬底上的半导体材料 ZnSe，其中 ZnSe 中掺杂有 Ag，则可以依据以下步骤进行检索（如图 1-19 所示）。

第一步，选择其一检索范围为化学数据下的"表面或底物"，然后在对应的输入框内输入 GaAs；

第二步，选择另一检索范围为化学数据下的"二元系"，然后在对应的输入框内输入 ZnSe；

第三步，选择再一检索范围为化学数据下的"掺杂物"，然后在对应的输入框内输入 Ag。

图 1-19 检索步骤演示图

5. ISI Web of Knowledge 的适用性

在电子器件领域中，高校或科研单位的申请应利用 ISI Web of Knowledge 追踪发明人或申请人所发表的外文期刊文献。一些以化学数据和/或数值范围为特征的申请，可利用 ISI Web of Knowledge 中的 Inspec 数据库的特色功能进行相关检索。

（四）Patentics

1. Patentics 简介

Patentics 是北京索易互动信息技术有限公司开发的一个专利全文检索平台，其是一种基于语义搜索技术的全新专利全文检索平台。

2. Patentics 的使用

1）登录界面

登录网址 http：//www.patentics.com/searchcn.htm，patentics 检索界面如图 1-20 所示。

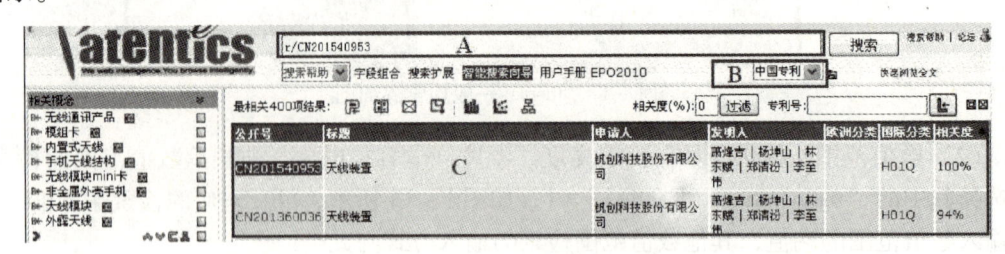

图 1-20　Patentics 检索界面图

a. 检索式输入框：用于输入检索式，如 "R/CN20154953 AND B/天线"。

b. 选择检索的专利范围：可选择美国申请、美国专利、欧洲专利、世界专利、中国专利、英文摘要等。其中中国专利只能进行单独选择。

c. 结果栏：在结果栏单击标题或公开号可查看对应的检索结果信息。

2）Patentics 中检索命令和字段

Patentics 中主要的检索命令见表 1-6。

表 1-6　Patentics 检索命令和字段表

命令名称	命令符号	实例解析
排序检索	R/	R/S1，S1 可为专利号、词组、语句、一段文摘 例：R/硅纳米晶体
概念检索	C/	C/S2，S2 可为专利号、词组、语句、一段文摘 例：C/在源漏极间的沟道层正上方设有隧穿氧化层
全文字段关键词检索	B/	B/S3，S3 为关键词 例：B/浮栅
公开日期过滤	DI/	DI/S4，S4 为格式如 20001023 或 2000-10-23（即查找 2000 年 10 月 23 日以前公开的专利）
申请日期过滤	DA/	DA/S5，S5 为格式如 20001023 或 2000-10-23（即查找 2000 年 10 月 23 日以前申请的专利）
新颖分析	PAB/	PAB/S6，S6 是专利公开号 例：PAB/CN101589874
侵权分析	INF/	INF/S7，S7 是专利公开号 例：INF/CN101589874
相关度过滤	REL/	REL/S8，S8 是 0~100 的数值 例：REL/85，则在结果中只显示相关度在 85% 以上的专利文献

Patentics 中还提供了如专利号（PN）、公开日（ISD）、说明书（SPEC）等几十种检索字段，具体的可通过单击如图 1-20 所示的检索式输入框下面的"字段组合"查看并调用。

3）Patentics 的检索语法和算符

Patentics 的检索语法和算符如下。

a. 支持传统布尔逻辑检索（即 and/or/not）。例如，R/S1 AND（B/S2 OR B/S3）NOT B/S4。

b. 支持通配符"＊"（代表一个或多个字符）、"?"（代表一个或零个字符），如 B/"nanocrystal＊"；注意其中通配符"＊"和"?"只支持英文词，对中文不支持。

c. 支持邻近短语搜索，如 B/"垂直 沟道"+3 表示"垂直"与"沟道"距离 3 个词以内。

4）Patentics 的检索流程

推荐按照"R/ and B/"构建检索式，按照图 1-21 所示的流程进行检索。

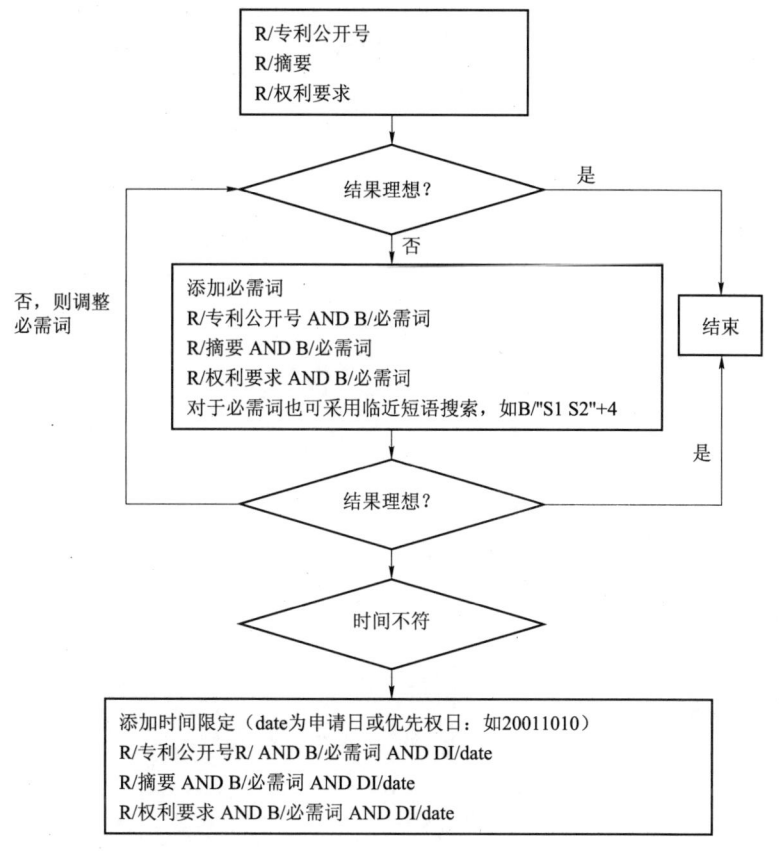

```
                    R/专利公开号
                    R/摘要
                    R/权利要求
                         │
                         ▼
                    ◇结果理想?◇──是──┐
                         │            │
                         否           │
              ┌──────────┴──────┐    │
              │ 添加必需词        │    │
  否,则调整   │ R/专利公开号 AND B/必需词 │   结束
  必需词      │ R/摘要 AND B/必需词      │    ▲
              │ R/权利要求 AND B/必需词   │    │
              │ 对于必需词也可采用临近短语搜索,如B/"S1 S2"+4 │
              └──────────┬──────┘    │
                         ▼            │
                    ◇结果理想?◇──是──┤
                         │
                    时间不符
                         │
                         ▼
         ┌─────────────────────────────────┐
         │ 添加时间限定（date为申请日或优先权日：如20011010）│
         │ R/专利公开号R/ AND B/必需词 AND DI/date │
         │ R/摘要 AND B/必需词 AND DI/date │
         │ R/权利要求 AND B/必需词 AND DI/date │
         └─────────────────────────────────┘
```

图 1-21 Patentics 检索流程图

3. Patentics 的适用性

1）Patentics 的应用

（1）检索初期的试探性检索。直接输入"R/本申请的公开号"，通过浏览前面第 1~2 页的检索结果有可能直接获得相关的文献或直接得到 X 文献。由于 Patentics 可查看专利申请的全部附图,因此可以结合附图确认专利文献的相关度,这对于电子器件领域的检索十分有益。

(2)"中通"回案的补充检索。如申请人在答复通知书后添加新技术特征,在确认该新添加的技术特征未能被原有的对比文件公开时,可以尝试采用 Patentics 进行另一篇 Y 类对比文件的检索。具体可采用"R/本申请公开号 and B/添加的技术特征中的关键词 and DI/本申请的申请日(有优先权的为优先权日)"构建检索式,具体针对新增的技术特征进行检索。

2)Patentics 的缺陷

Patentics 语义检索工具并非是一劳永逸的万能检索工具,其存在以下一些缺陷:

(1)专利收录范围有限,如缺少日本、韩国专利,而在电子器件领域中日本和韩国的申请十分活跃。

(2)语义检索存在自身的缺陷,如检索结果的不可控性,因此检索结果精度无法控制,对于初级用户尤其如此。

第二章 电子器件领域常规检索策略

一、分类号检索策略

本节主要介绍电子器件领域利用 ECLA、FI/F-term 和 IPC 分类进行检索的方法。

(一) ECLA 分类检索策略

1. 半导体领域 H01L 大组下 ECLA 分类特点

半导体领域的专利申请主要集中在以下国家和地区：US、JP、EP、WO、KR、TW，而欧专局对 US、EP、WO 的专利申请进行 ECLA 分类，并且欧洲专利局对覆盖许多技术领域的大量非专利文献根据 ECLA 进行分类，因此对半导体领域的审查员来说，使用 ECLA 进行检索具有更强的适用性。

1) 半导体领域 H01L21 大组下 ECLA 分类定义表

半导体领域的很多 ECLA 分类号涉及发明点或技术领域，通过 ECLA 分类检索很容易实现高效和准确的检索。H01L21 大组下几乎覆盖了绝大多数半导体器件的制造方法和使用设备，附件第一部分给出了 H01L21 大组下直到二点组的分类定义表，该表包括了对 H01L21 大组下的 ECLA 分类按照点组与主题结合的方式进行归类的结果，方便审查员使用。

分类定义表给出 H01L21 大组下主要的 5 个一点组及其下位的 17 个二点组，通过上述分类定义表审查员可以比较快速地确定专利申请的大致 ECLA 分类位置，然后再通过查阅详细的 ECLA 分类表来确定申请最准确的 ECLA 分类位置。

2) 半导体技术主题与 ECLA 对应简表

利用技术主题与 ECLA 对应简表可以快速准确地确定与主题相关的 ECLA 分类号。表 2-1 所示为技术主题与 ECLA 对应简表的一部分，其主要按照工艺步骤方法作为"技术主题"来建立此对应关系。详细的各技术主题与 ECLA 对应简表参见附件第二部分。

表 2-1 技术主题与 ECLA 的主要对应关系

技术主题	分 类 号
晶体生长、外延	C30B1 - C30B29，H01L21/20 - H01L21/208
衬底清洗、处理	H01L21/00S2D，H01L21/02F，H01L21/306 +
氧化工艺	H01L21/283 +，H01L21/762 +
金属化、金属互连	H01L23/52 +，H01L21/3205 +
图形曝光、光刻	H01L21/027 +
刻蚀	H01L21/00S +，H01L21/302 + - H01L21/308 +

续表

技术主题	分类号
离子注入、杂质扩散、热处理	H01L21/22 +，H01L21/76 +
化学机械平坦化、抛光	H01L21/02 +，H01L21/302 +
装配与封装、焊接	H01L21/50 +
晶圆/硅片测试、拣选	H01L21/66 +

2. ECLA 分类表获取方法

在线的 ECLA 分类表获取网址为：http：//www. epo. org/searching/essentials/classification/ecla. html

SIPO 内网获取 ECLA 分类表的途径主要包括：SEA – EPOQUE 系统中的 + CLA 功能模块和 ECLA 数据库，用户可以通过 Internal 进入 ECLA 数据库中查找具体的 ECLA 分类表。

+ CLA 功能模块主要用于通过 ECLA 分类号查找该分类号的具体含义（可以查询包括上位、下位和同等级的组），而 ECLA 数据库除了具有查询分类号具体含义的功能以外，在实际检索中还可以通过关键词或直接浏览查找、确定 ECLA 分类号。

3. ECLA 分类检索方法

检索时相应申请的 ECLA 分类号一般通过以下方式来获取：

（1）直接查阅相关 ECLA 分类表，该方法能获得比较准确和全面的分类。具体 ECLA 分类表的获取方法可以参见本节上文的 ECLA 分类表获取方法。

（2）在 ECLA 分类数据库或 + CLA 功能模块中使用英文关键词查找分类号。针对待检索专利申请确定一个主要关键词，然后在 ECLA 分类数据库或 + CLA 功能模块中查找相关 ECLA 分类，并确定准确的 ECLA 分类号进行检索。

（3）参考本申请同族及相关文献给出的 ECLA 分类号。对于具有美国、欧洲、WO 同族的专利申请，可首先参考同族给出的 ECLA 分类号，再结合 ECLA 分类表确定比较相关的 ECLA 分类号进行检索。

（4）先简单检索，再统计检索结果的 ECLA 分布，可以使我们确切地知道发明所属的 ECLA 或 ICO 分类号。在简单检索时可以仅选择 EPODOC 数据库的 TI 字段进行检索，然后统计相关 ECLA 分类号，这样可以大大减少噪声。

【案例 2 –1】

案例要点：如何通过统计获取 ECLA 分类号，同样适用于统计获取其他分类号

统计涉及双镶嵌（双大马士革 dual damascene）互连的相关 ECLA 分类号。

在 TI 字段中检索统计：

?　　/ti dual w damascene

　　* * SS 2：Results 1. 756

Search statement 3

```
? . . stat ec
Memory is of type MEMSORT
    #   FREQ TERM
    1   135  H01L21/768B2D2
    2   110  H01L21/768B2D
    3   60   H01L21/768B2D6
    4   50   H01L21/311D
    5   43   H01L21/768B12
```

获得的 ECLA 分类号都是与双镶嵌互连非常相关的分类号。

（5）关注本申请分类员给出的 IPC 分类号，可以在这些 IPC 分类号的范围内再仔细查找更相关的 ECLA 分类号。使用 ECLA 分类号进行检索的初期应将检索的重心放在对本领域 ECLA 分类表的理解上，尽快熟悉本领域 ECLA 分类表的分布特点。

通过上述几种方式获取相关的 ECLA 分类号以后，下面介绍利用 ECLA 分类号进行检索的基本思路和方法。

（1）ECLA 分类号检索原则。对于 ECLA 分类号非常明确的案例，选择数据库时优先选择 EPODOC 数据库，使用 ECLA 分类号进行检索。在半导体领域主要申请国家和地区为 US、EP、WO、JP、KR、TW，而欧专局对 US、EP、WO、GB 等国家和地区的专利申请进行 ECLA 分类，而且很多 JP、KR、TW 的专利申请也都具有美国或欧洲同族。因此，在半导体领域 ECLA 分类的覆盖范围是非常广泛的，优先采用 ECLA 分类号进行检索。

（2）采用 ECLA 分类号 + 关键词检索。

【案例 2 - 2】

案例要点：利用 + CLA 功能模块获取准确的 ECLA 分类号并结合关键词快速检索

发明名称：一种白光 LED 的封装方法

检索针对的内容：

一种白光 LED，包括芯片（3），支架（5），硅胶（2），荧光粉膜层（1），芯片（3）固定在支架（5）上，其特征在于硅胶（2）滴注在芯片（3）表面上，荧光粉膜层（1）覆盖在硅胶（2）上，并且荧光粉膜层（1）边缘与支架（5）接触。

确定相关 ECLA 分类号的过程：

首先在 + CLA 模块获得 H01L33/00 的 ECLA 分类表（如图 2 - 2 所示），在分类表中搜索涉及 "luminescent" 的分类，发现下位组

H01L33/50 . . Wavelength conversion elements [N：(luminescent materials C09K11/00)] [N0901]

该下位组的含义为 LED 中的波长转换结构，例如荧光材料。

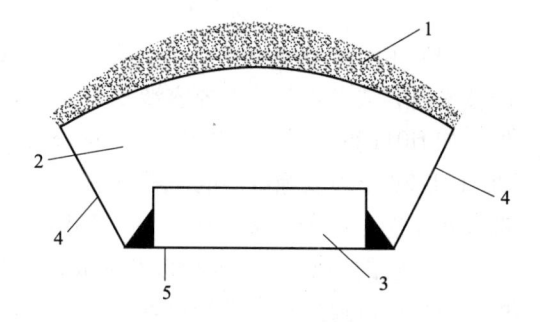

图 2 - 1　案例 2 - 2 的技术方案附图

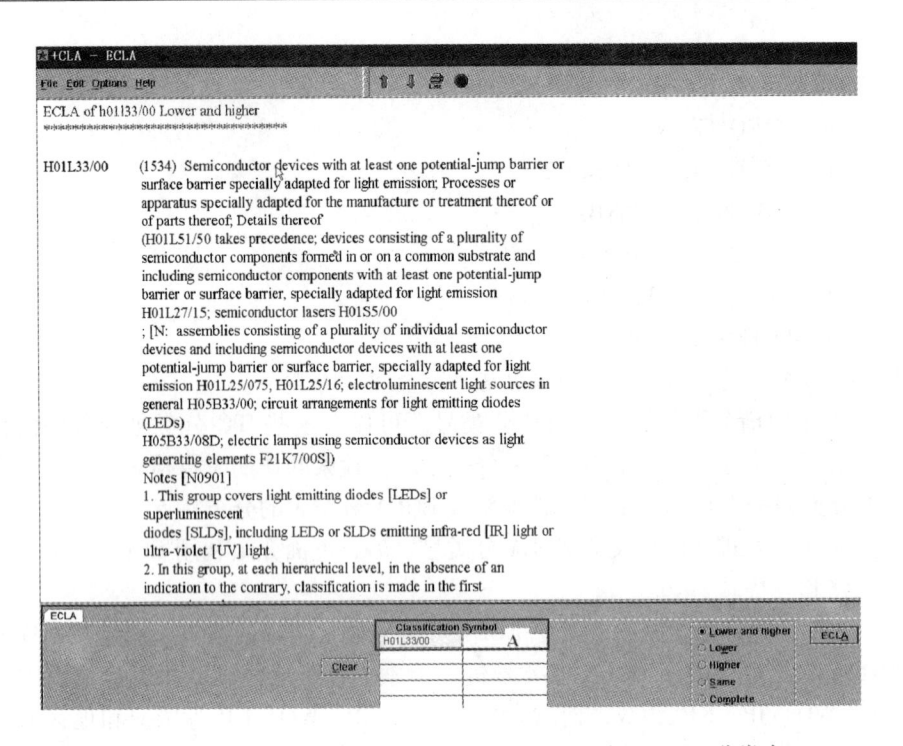

图 2-2 EPOQUE 系统 + CLA 模块 H01L33/00 大组 ECLA 分类表

a. 分类号输入框。

检索过程：

File：EPODOC

SS　　Results

1　　3659　　/EC H01L33/50

2　　3659　　.. LIM 1

3　　130　　SUBMOUNT??? OR FRAME?

在检索结果中获得 X 类文件 WO2004021461A2（同族 CN1836339A）。

（案例提供人：王小东）

（3）利用内容关联的多个分类号进行多方位的检索。对本领域的分类号下具体涉及的技术内容或者相关技术内容涉及的分类号要做到尽可能地熟悉，检索时应进行相应的扩展。如 H01L29/51 下涉及绝缘层的分类号、H01L21/316 下涉及高 k 绝缘材料沉积、H01L21/28 下涉及绝缘层的沉积方法，它们之间存在交叉；H01L23/52 和 H01L21/768 下都涉及互连，存在交叉；H01L29/423D2B5、H01L21/336B2T 和 H01L29/78B2T 均涉及场效应晶体管的沟渠/埋入式栅极及形成，也存在交叉。熟悉了这种交叉，不但能够避免漏检，而且可以通过很多途径检索到非常相关的对比文件。

【案例 2-3】

案例要点：利用统计获取相应的 ECLA 分类号并利用多个分类号进行多方位扩展检索

发明名称：一种改进的具有多个栅极氧化层的晶体管及其制造方法

检索针对的内容：

1. 一种改进的具有多个栅极氧化层的晶体管，其特征在于：该晶体管具有多个栅极氧化层，并且栅极氧化层的厚度可以不相同。

2. 如权利要求 1 所述的晶体管，其特征在于：该晶体管的栅极氧化层的厚度是通过硅离子植入来控制的。

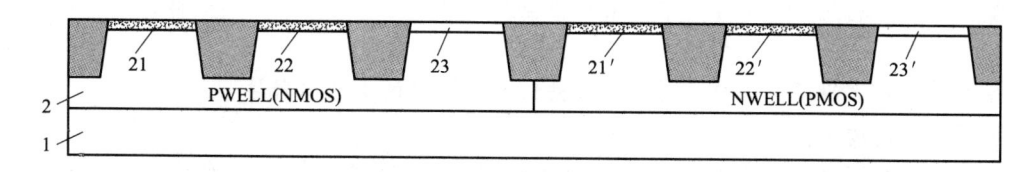

图 2-3 案例 2-3 技术方案附图

确定相关 ECLA 分类号的过程：

在 TI 字段中检索涉及栅绝缘层厚度的申请，并统计其 ECLA 分类号。

Search statement 1

? (gate? d (insulat + or oxide or dielectric)) s thick + /ti

* * SS 1：Results 375

Search statement 2

? .. stat ec

Memory is of type MEMSORT

```
  #   FREQ  TERM
  1   134   H01L21/8234J
  2    48   H01L21/8238J
  3    39   H01L29/423D2B6B
  4    25   H01L29/51N
```

由统计结果可以看出，前两个分类号 H01L21/8234J 和 H01L21/8238J 都涉及不同厚度栅绝缘层的制作方法，需要采用这两个分类号同时进行检索。

检索过程：

File：EPODOC

```
SS  Results
1   3265    /EC H01L21/8234J OR H01L21/8238J
2   3265    .. LIM 1
3     17    SI????? 2D IMPLANT?????
```

得到评述权利要求 1 和权利要求 2 新颖性的对比文件 US6455405B1。可见，很多 ECLA 分类号涉及的技术内容或者相关技术内容涉及的分类号都存在交叉，要做到尽可能地熟悉涉及本领域的分类号，检索时进行相应的扩展。

（案例提供人：王小东）

(4) 避免 ECLA 分类覆盖的文献不全面的缺点。由于 EPO 未对所有国家的文献进行 ECLA 分类（如中国、日本、俄罗斯和韩国），仅仅使用 ECLA 进行检索存在漏检的可能性。因此，通过 ECLA 检索未检到 X/Y 对比文件时，应当利用关键词、IPC 分类、DC/MC 检索手段再检索以避免漏检

【案例 2-4】

案例要点：利用 ECLA 分类未检索到相应对比文件时，需要采用其他检索手段以避免漏检

发明名称：高耐压晶体管、其制造方法以及使用其的半导体器件

检索针对的内容：

一种高耐压晶体管，其中，具备：栅极电极，设置在第 1 传导类型的半导体基板上形成的第 1 沟槽中；源极和漏极，在所述栅极电极的两侧，分别与所述栅极电极空出规定间隔来形成；第 1 电场缓和层，沿所述沟槽在所述源极侧的侧壁与所述沟槽在所述漏极侧的侧壁形成；以及第 2 电场缓和层，包围所述源极和漏极，并形成于所述栅极电极与所述源极之间、和所述栅极电极与所述漏极之间，漏极/源极扩散层的耐压比晶体管的耐压低 1-3V。

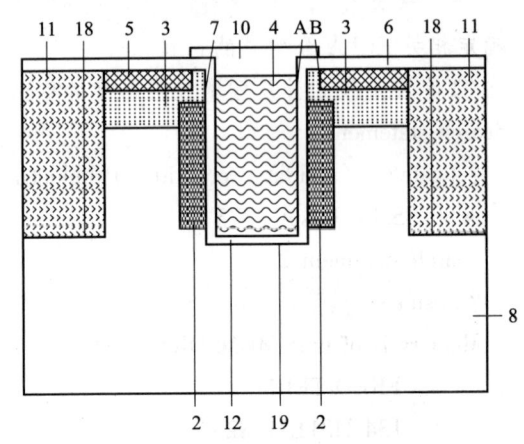

图 2-4 案例 2-4 技术方案附图

检索过程：

通过参考同族给出的 ECLA 分类号并查阅 ECLA 分类表，采用以下比较相关的 ECLA 分类号并结合关键词进行检索。

File：EPODOC

SS　Results

1　6936　/EC H01L21/336B2T OR H01L21/336B4T OR H01L21/336H4 OR H01L21/336H6 OR H01L29/78B2T OR H01L29/78B4T OR H01L29/423D2B5T

浏览后未发现相关对比文件。进一步采用 MC 扩展检索，相关的 MC 分类号为 U12-D02A+，检索式如下：

File：WPI

SS　Results

1　67349　/MC U12-D02A+
2　67349　..LIM 1
3　3034　((HIGH OR BREAK+) 2W VOLTAG+) S (MOS OR FET? OR MOSFET? OR TRANSISTOR?)
4　7105　TRENCH? OR GROOV+
5　20750　SOURCE? AND DRAIN? AND GATE?

| 6 | 20337 | DOP + OR IMPURIT + OR IMPLANT + |
| 7 | 104 | 3 AND 4 AND 5 AND 6 |

通过上述扩展检索，获得一篇公开了本申请发明点的最接近现有技术 US5371024A，结合本申请背景技术给出的文献可以评述权利要求的创造性。可见，在通过 ECLA 检索未检到 X/Y 对比文件时，还应当利用关键词、IPC 分类、DC/MC 等检索手段再检索以避免漏检。

（案例提供人：王小东）

（5）利用 ECLA 分类号检索的切入点。使用 ECLA 分类号进行检索，可以选取反映发明点的 ECLA 分类号进行检索，也可以选取反映本申请技术领域的 ECLA 分类号进行检索，最基本的原则是选取覆盖更多检索要素的 ECLA 分类号进行检索。

（6）与常规检索一样，使用 ECLA 分类号进行检索需要在检索的过程中不断调整检索策略，不断熟悉 ECLA 分类表，不断提高使用 ECLA 检索的技能。

【案例 2-5】

案例要点：利用 ECLA 分类号检索的过程中需要不断调整检索思路、进行相应扩展

发明名称：防止半导体元件中金属线短路的方法

检索针对的内容：

一种形成半导体元件的方法，包括：提供基材；提供铝金属线（302）于该基材上；形成阻障层（304）于该铝金属线上；以及形成富硅介电层（306）于该阻障层上。

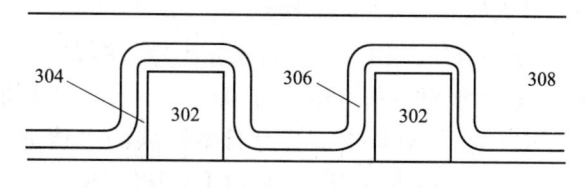

图 2-5 案例 2-5 技术方案附图

检索过程：

基于对半导体领域涉及互连的分类号的了解，确定涉及的相关分类号为 H01L23/52 及其下位组，通过查阅 ECLA 分类表，确定最相关的 ECLA 分类号为 H01L23/532N 和 H01L23/532N4，通过以下检索式进行检索。

File：EPODOC

SS　Results
1　5561　/EC H01L23/532N +
2　5561　.. LIM 1
3　31　(SILICON 3W RICH) OR SRO

浏览后未发现相关的对比文件，但是发现还有一个非常相关的分类号为 H01L21/768 及其下位组，通过查阅 ECLA 分类表，进一步确定 ECLA 分类号为 H01L21/768B 同样与本申请非常相关，通过以下检索式进行检索：

4　6427　/EC H01L21/768B

| 5 | 6427 | . . LIM 4 |
| 6 | 56 | (SILICON 3W RICH) OR SRO |

浏览后发现了 X 类文献 GB2305295A，其 ECLA 分类为 H01L21/768B。可见，由于每篇文献针对的侧重点不同，因此其分类号可能不相同，在检索时，需要根据已有结果不断调整检索策略，进行相应扩展，以获得相关结果。

（案例提供人：王小东）

（二）FI/F-term 分类检索策略

1. FI/F-term 分类号获取方法

检索领域为日本申请比较活跃的领域、发明点为改进或细节申请时，采用 FI/F-term 检索更加快捷、有效。检索时使用的 FI/F-term 分类号可以通过以下方式获取：

（1）通过专利局"学术委员会"下的各国分类可以获得 FI/F-term 分类表和 IPC – FI 对照表（http://www.sipo/examin_ admin/xueshu/xinxi/classifications/ classification. htm），或者可以通过日本专利局主页 IPDL 的 Patent Map Guidance 来获得 FI/F-term 分类表，也可以直接搜索指定的 FI/F-term 分类号（http：//www5. ipdl. inpit. go. jp/pmgs1/pmgs1/pmgs_ E）。

（2）根据 IPC 分类号查阅 FI/F-term 分类表，确定相关 FI/F-term 分类号。

（3）查找日本专利同族，参考同族文献的 FI/F-term 分类号。

（4）先通过简单检索，再统计检索结果的 FI/F-term 分布来确定相关的 FI/F-term 分类号。

不论利用上述哪种方法来获取相关 FI/F-term 分类号，都需要做到对本领域的 FI/F-term 分类表比较熟悉，这样才能更快获得相关的 FI/F-term 分类号来进行高效检索。

需要注意的是，FI/F-term 仅对日本或具有日本同族的申请进行分类，当利用 FI/F-term 未检索到对比文件时，需要采用其他 ECLA/IPC/DC/MC 等分类号进行补充检索。

2. FI/F-term 分类号检索方法

通过上述几种方式获取相关的 FI/F-term 分类号以后，下面介绍利用 FI/F-term 分类号进行检索的基本思路和方法。

1）FI/F-term 分类号的选用：

对于 IPC 分类号下内容比较宽泛、而 FI/F-term 分类号比较明确的案例，应当首先选择 EPODOC 数据库使用 FI/F-term 分类号进行检索。

对于日本申请或涉及区别技术特征/改进点在于材料、层数、厚度、形状、效果等细节的发明具有很准确的分类，优先使用 FI/F-term 分类号进行检索。

2）利用 FI/F-term + 关键词或 FI/F-term + FI/F-term 进行检索。

【案例 2 – 6】

案例要点：利用同族给出的 FI/F-term 分类号，通过 FI/F-term + 关键词或 FI/F-term + FI/F-term 检索

发明名称：半导体器件用引脚框架及其制造方法

检索针对的内容：

一种半导体器件用引脚框架，其特征在于，包括：由铁（Fe）及铬（Cr）构成的合金母材（110），第一镀层（120），以规定厚度镀敷在前述合金母材的至少一个面上来提高紧密接合力，以及第二镀层（130），镀敷在前述第一镀层的表面，厚于前述第一镀层的厚度，并且与半导体管芯和引线接合而流过规定电流。

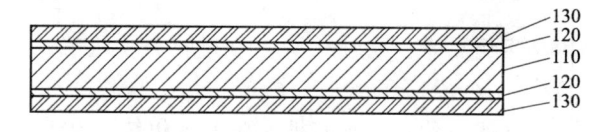

图2-6 案例2-6技术方案附图

检索过程：

通过日本同族给出的FI/F-term确定出非常相关的分类号为：5F067/DC20涉及引线框架的镀层的厚度，5F067/DC18涉及引线框架的镀层有两层或多层，共同表达了两个基本检索要素"引脚框架和第二镀层厚于第一镀层的厚度"。5F067/EA03覆盖引线框架和铁（Fe）及铬（Cr）构成的合金母材两个基本检索要素。利用以下检索式在EPODOC数据库进行检索，检索式如下：

File：EPODOC

SS   Results

1   42   /FT 5F067/DC18 AND 5F067/DC20 AND 5F067/EA03

获得对比文件1 JP特开平3-243790A，其公开了引线框架的基板3由Fe-Cr合金构成，镀层4通过底层与基板3结合，权利要求1与该对比文件的区别技术特征为：第二镀层厚于第一镀层。

进一步检索，由于5F067/DC20为引线框架镀层的厚度，将其与表示Fe-Cr合金母材的关键词相与，而厚度的大小很难通过关键词进行表达，则通过看图浏览的方式。检索式如下：

5   1011   /FT 5F067/DC20

6   1011   .. LIM 5

7   28   (FE OR IRON OR FERRUM) AND (CR OR CHROME OR CHROMIUM)

获得对比文件2 JP特开平1-307254A，其公开了导电层比黏结层厚，通过对比文件1和对比文件2结合可以评述权利要求的创造性。

另外，本案例的对比文件2也可以通过FI+FI来检索获得，检索式如下：

8   87   /FI H01L23/50&D AND H01L23/50&V

由该案例可以看出，由于F-term分类号的特点，可以利用相应的F-term分类号来针对区别技术特征进行检索。

（案例提供人：夏瑞临）

3）利用多个分类号的技术内容有交叉进行多方位的检索

对本领域的分类表具体涉及的技术内容或者相关的技术内容涉及的分类号要做到尽可能的熟悉，检索时应进行相应的扩展。如5F110/EE28下涉及具有顺序多层栅极的薄膜晶体管的分类号、5F110/EE23下涉及具有梯形栅极的薄膜晶体管的分类号、4M104/CC05

涉及 MIS 晶体管的栅极、4M104/FF13 涉及具有多层结构的电极和 4M104/FF08 涉及具有梯形结构的电极，它们之间存在交叉。

【案例 2-7】

案例要点：通过统计结合查表获得准确的 FI/F-term 分类号，利用 FI 的方面号进行检索

发明名称：一种有机太阳电池的结构及其该结构制备的有机太阳电池

检索针对的内容：

一种有机太阳电池的结构，至少包括在基板上制备的正极（5）、负极（2）和光伏特性的有机物层（8），其特征在于，在正极和光伏特性的有机物层之间有定向碳纳米管阵列（7）构成的空穴传输层。

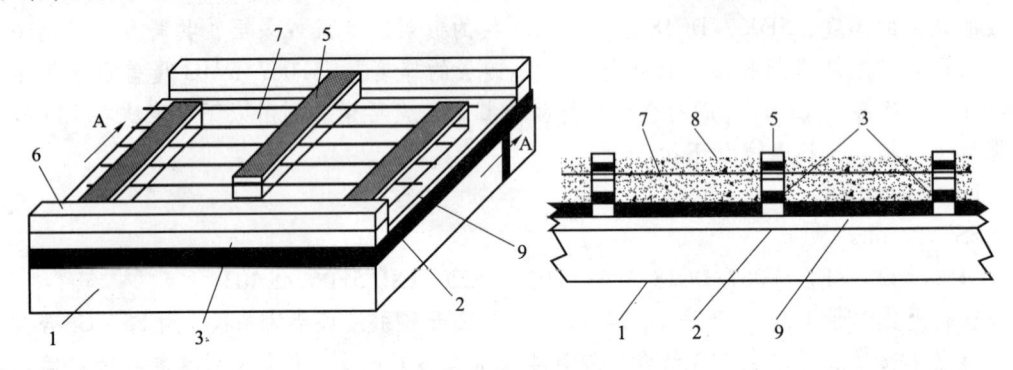

图 2-7　案例 2-7 技术方案附图

FI/F-term 分类号获取方法：

该案例是西安交通大学的中国国内申请，没有日本同族。首先通过简单检索再统计分析检索结果，以获得准确的分类号。

```
4    35175  (SOLAR W CELL?) OR (SOLAR W BATTER???)
5    10387  (CARBON W NANOTUBE?) OR (CARBON W NANO W TUBE?)
6    71     4 AND 5
.. stat ft
#    FREQ  TERM
1    6     5F051/AA14
2    6     5H032/AA06
3    6     5H032/EE01
4    6     5H032/EE16
.. stat fi
1    5     H01L31/04&Z
2    3     H01L31/04&D
3    3     H01M14/00&P + ZNM
```

结合统计结果并查询 FI/F-term 分类表后，确定相关的 F-term 分类号为 5F051/AA11、相关 FI 分类号 H01L31/04&D，它们都是关于有机光电转换器件的，涉及有机和太阳能电

池技术领域。而方面号 ZNM 涉及纳米技术，与本申请的发明点"碳纳米管"相关。

检索过程：

FI 或 FT 检索：

1　701　/FI H01L31/04&D（或采用/FT 5F051/AA11）

2　15638　/FI ZNM

3　33　1 AND 2

获得 X 类对比文件 JP 特开 2004 - 165474A。

可见，审查员需要对本领域的分类号比较熟悉，了解 FI 与 F-term 之间的交叉以及它们各自内部分类号之间的交叉，这样可以提高我们检索的效率。

（案例提供人：王小东）

4) 避免 FI/F-term 覆盖的文献并不全面的缺点

由于日本特许厅仅仅对日本文献进行 FI/F-term 分类，因此在未检索到合适的对比文件时，应当利用关键词、EC 分类、IPC 分类、DC/MC 分类等检索手段再检索以避免漏检。

5) 不同数据库选用的优、缺点

很多实用新型和早期申请在 EPODOC 数据库中未给出 FI/F-term 分类号、未给出摘要和附图等信息或未收录在 EPODOC 数据库中，从而缺乏日本实用新型和早期申请检索的有效手段。在外网日本特许厅 IPDL 中采用 FI/F-term 检索系统，专利文献全面，缺点是只提供 FI/F-term 分类号检索，不能采用关键词进行检索。

【案例 2 - 8】

案例要点：利用 FI/F-term 在外网日本特许厅 IPDL 检索，避免 EPODOC 数据库对日本早期文献收录不全的缺点

发明名称：一种注塑形成的密封式电缆线引出电容器

检索针对的内容：

一种注塑形成的密封式电缆线引出电容器，它包括内部具有电容器芯子的电容器本体（1），该电容器本体（1）上端面具有电容器芯子与引出电缆线（4）的下端相连接的焊接焊点（6）；该电容器本体（1）上端面的焊接焊点（6）在引出端盖（2）上；其特征在于：所述的注塑塑料（8）覆盖在电容器本体（1）上端并与金属外壳上端边缘连接，该注塑塑料（8）将引出端盖（2）包裹其中，而引出电缆线（4）也定位在注塑塑料（8）中（如图 2 - 8 所示）。

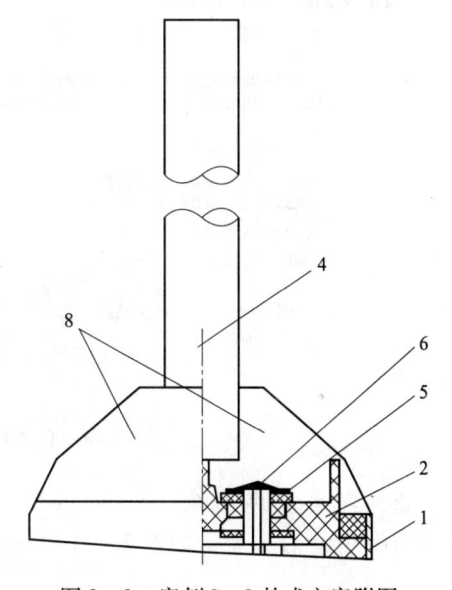

图 2 - 8　案例 2 - 8 技术方案附图

检索过程：

本案 IPC 分类号为 H01G4/228、H01G4/224，相应的 F-term 为 5E082/HH30，在外网日本特许厅利用 F-term 分类号 5E082/HH30 直接进行检索。检索过程如下。

首先在日本特许厅主页选择英文界面（To English Page）（如图 2-9 所示）。

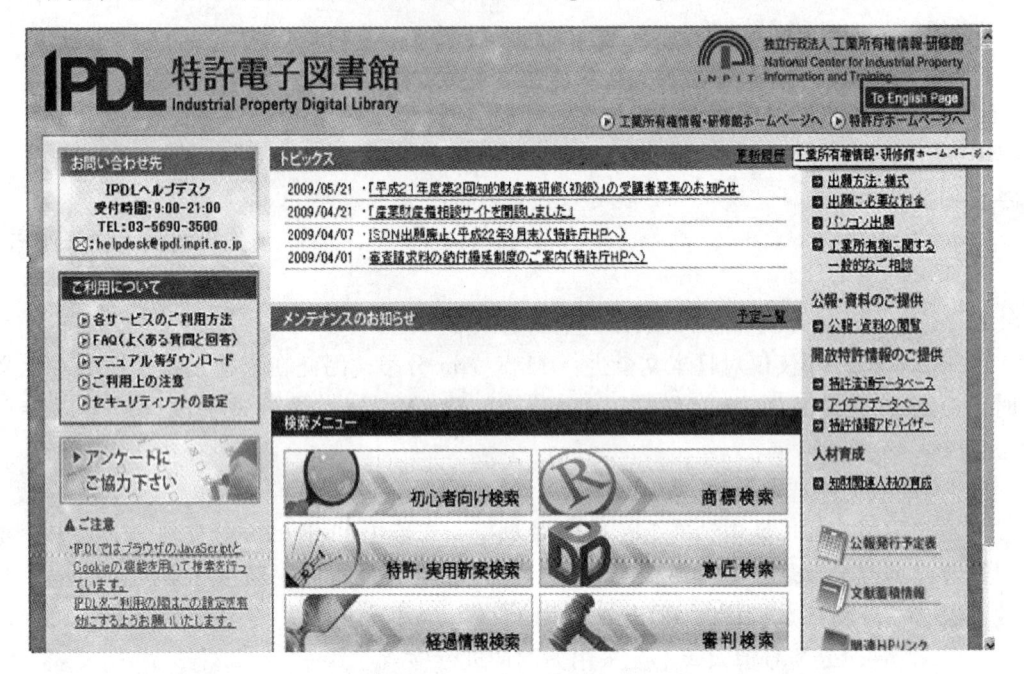

图 2-9　日本特许厅主页截图英文界面（To English Page）

选择 FI/F-term Search，如图 2-10 所示。

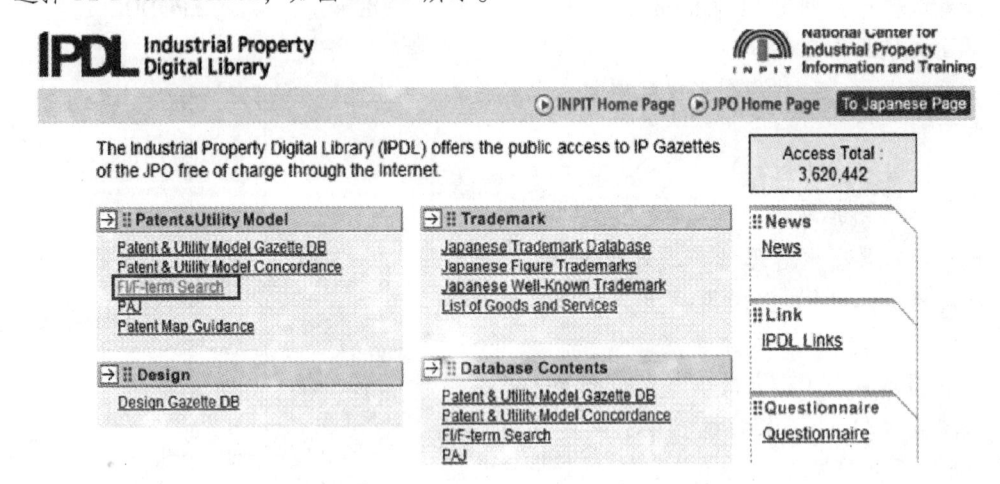

图 2-10　日本特许厅 FI/F-term Search 截图

选择实用新型检索（Examined utility model registration），在检索输入框内输入 5E082HH30 进行检索，如图 2-11 所示。

图 2 - 11　日本特许厅 FI/F-term Search 详细界面截图

浏览检索结果，获得两篇公开了本申请发明点的 Y 类文献 JP 平 2 - 45618U 和 JP 平 2 - 45619U，浏览界面（如图 2 - 12 所示）。

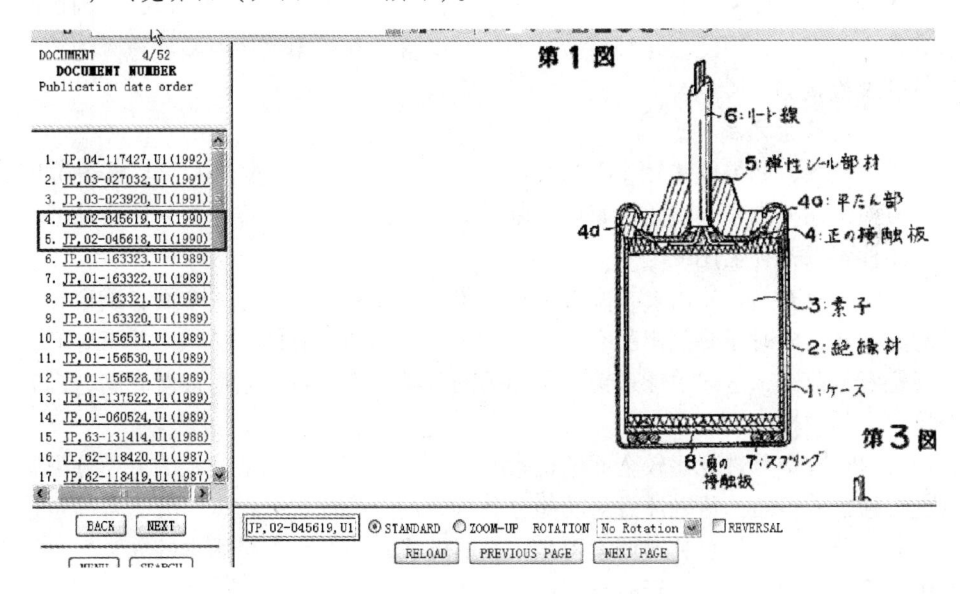

图 2 - 12　日本特许厅 FI/F-term Search 浏览界面截图

可见，由于很多日本实用新型和早期申请在 EPODOC 数据库中未给出相应 FI/F-term 分类号、未给出摘要和附图等信息或未收录在 EPODOC 数据库中，针对这些文献的检索，需要在外网日本特许厅 IPDL 中采用 FI/F-term 分类号来检索。

（案例提供人：梁素平）

6) 在检索过程中不断调整检索策略

与常规检索一样，使用FI/F-term分类号进行检索需要在检索的过程中不断调整检索策略，不断地熟悉FI/F-term分类表，不断地提高使用FI/F-term检索的技能。

（三）IPC分类检索策略

1. 半导体领域IPC分类体系简析

半导体领域的IPC分类主要涉及H01L小类，其中H01L21大组覆盖了绝大多数半导体器件的制造方法和使用设备的分类，H01L23、H01L25、H01L27和H01L29大组覆盖了半导体领域的多种主要产品分类，而H01L31、H01L33、H01L35、H01L37、H01L39、H01L41、H01L43、H01L45、H01L47和H01L51大组涉及产品及专用于其产品的方法或设备。

通过仔细研究半导体领域的分类表，可以发现其中产品分类H01L23、H01L25、H01L27和H01L29大组下的很多小组在H01L21大组下都有对应的方法分类，并且产品分类H01L27大组下的部分下位组与H01L31、H01L33、H01L35、H01L37、H01L39、H01L41、H01L43、H01L45、H01L47和H01L51大组下的分类都有一定的对应关系。

半导体领域产品与方法分类的对应表参见附件第三部分。利用该对应表同时对产品和方法进行检索的案例参见本节第一部分中的案例2-5。针对半导体领域的大多数申请，首先检索其产品所在的细分分类，然后通过产品与方法分类的对应关系，直接扩展检索其所在的方法细分分类，可以简化检索过程，大大提高检索效率。

半导体领域分类体系的对应关系表体现了产品分类与方法分类的对应，但因产品分类比方法分类更加细化，因此，这种对应并非一一对应，在检索使用时要注意查阅相关的分类表进行扩展检索。

2. IPC分类检索方法

在半导体领域，如果仅采用EC/FI/F-term等细分分类号检索，由于其覆盖范围的局限性，会漏检上述分类号未覆盖国家的文献。此时，需要利用IPC分类号的全球通用性来进行进一步检索以弥补上述缺陷。

在检索时，审查员首先需要核实分类员给出的分类号是否准确、全面，确定出本申请最准确的分类号，同时还要找出所有与本申请的主题密切相关的分类号，并将它们一并确定为应当检索的范围，这样才能避免在不相关的分类号下盲目检索而浪费时间，同时也能防止漏检。

在利用IPC分类号进行比较全面的检索时，可采用宽泛的或上位组的IPC分类号结合关键词进行检索的策略，特别注意对功能分类和应用分类均进行检索。分类号确定过程中可采用统计与分类表查找、关键词索引相结合的方式。当存在多个版本的分类号时，需要同时使用多个版本的分类号进行检索。

利用IPC分类进行检索的具体方法和案例参见本书第三章第一节第三小节第2部分"电子器件领域基本检索模式"。

二、关键词检索策略

关键词的检索策略非常复杂，涉及的因素很多，例如，技术领域、数据库、摘要检索或全文检索、方法权利要求或产品权利要求、中文（简/繁体）或英文等，对一个案件关键词的筛选往往要综合多方面的因素，并且要经过不断地补充、调整，下面我们将分小节具体展开讨论。

（一）依赖于技术主题的关键词筛选

电子元器件是电子元件和电子器件的总称，电子元器件包含诸如电阻器、电容器和电感器的电子元件；半导体器件的电子器件；电线、电缆类的结构件；散热器类的功能件以及印制电路板等。电子元器件各技术分支在专利申请文件的撰写习惯上有所不同，也使得在相应专利申请的检索中分类号和关键词的筛选各有特色。

关键词的筛选依赖于技术主题的确定。在涉及电阻器、电容器、电感器、电线电缆等的专利申请中，通过初步阅读申请文件的权利要求书或者详细浏览申请文件的说明书通常就能确定专利申请的技术主题，例如，对于涉及热敏电阻的专利申请，直接以技术主题"热敏电阻"作为关键词进行检索就能获得相关的现有技术文件；但在涉及半导体器件的专利申请中，常存在即使通览专利申请文件也难以确定对检索有实际意义的技术主题的情形，这主要是因为半导体器件领域涉案元器件种类繁多，而且该领域的专利申请经常采用概括性的撰写方式，例如，对于涉及半导体存储阵列的专利申请，可能通览申请文件全文也难以明确该存储阵列的类型，而具有概括性质的"半导体存储阵列"显然不是对检索有实际意义的技术主题。因此，在半导体器件领域，在检索前确定对检索有实际意义的技术主题具有重要的现实意义。

下面结合半导体器件领域的实际案例，对该领域专利申请技术主题的确定进行说明。

【案例 2-9】

案例要点：功率器件类专利申请技术主题的确定
发明名称：功率场效应管晶片弯曲的解决方法
检索针对的内容：
一种功率场效应管在接触制程中减少晶片弯曲程度的方法，其特征在于包括下列步骤：
提供 P 型半导体基底（200）；
在上述 P 型半导体基底（200）表面放置具有设定特征尺寸的光阻（230）；
对上述 P 型半导体基底（200）的上述光阻（230）的两侧区域进行 N 型离子注入，以形成 N 型离子注入区域（240）；
拿掉光阻并对上述 N 型离子注入区域（240）之间进行蚀刻形成凹陷区（250）；
其中上述光阻（230）的设定特征尺寸为大于等于 $1.3\mu m$。
分析：
检索内容的主题名称"一种功率场效应管在接触制程中减少晶片弯曲程度的方法"基本反映了专利申请所属的技术领域——涉及一种功率场效应管的接触工艺，但从检索内容中，无法获知"功率场效应管"为何种类型，也无法获知"接触制程"是整个工艺流程中的哪一道工序，从而从当前的检索内容中不能得到对检索有意义的技术主题。

技术主题的确定可能依赖于专利申请文件的说明书对检索内容的解释和说明。专利申请的说明书记载有下述特征（如图 2-13、图 2-14 所示）：P 型半导体基底 200（硅层）具有多个凹槽区域 210，而凹槽 210 中灌注有多晶硅 220，将具有设定特征尺寸的光阻 230

放置在两个凹槽 210 之间的基底 200 上，接着对光阻 230 两侧的基底 200 区域进行 N 离子注入，形成两个 N 型离子注入区域 240。然后去除光阻 230，蚀刻两个 N 型离子注入区域 240 的中间部分，以使得两个 N 型离子注入区域 240 被凹陷区 250 隔离开，其中凹陷区 250 是用以形成接触区引出导线与外部元件相接触的区域。

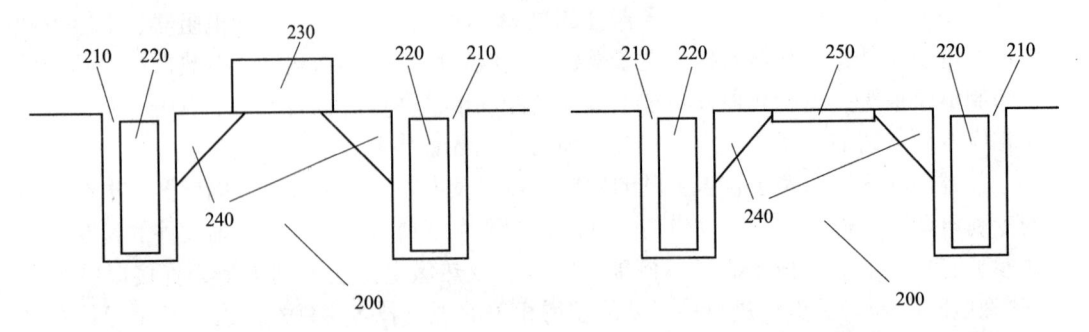

图 2-13　功率场效应管的接触制程　　　　图 2-14　功率场效应管的接触制程

即使阅读了申请文件说明书中的上述内容，仍不能确定"功率场效应管"的类型，更不能确定"接触制程"是在哪一类型功率场效应管的哪一步工艺中执行。

在这种情形下，可以通过对专利申请文件技术内容的分析来获得对检索有指导意义的技术主题，而这种技术分析往往依赖于经验的积累。

图 2-14 中的功率场效应管是一种硅功率器件，硅功率器件按照端子的数量可以划分为二端器件和三端器件。在三端器件中，两个主端子（双极晶体管的发射极和集电极、场效应晶体管的源极和漏极、晶闸管的阳极和阴极）之间的导电通路的特性取决于控制电极（基极或栅极）的情况，部分三端器件的控制电极与半导体材料直接接触，还有部分三端器件，如 MOSFET、IGBT、MCT 等，其控制电极和半导体材料被绝缘层隔开。[❶]

在图 2-14 中，凹槽 210 中灌注多晶硅 220 的物理结构表明该功率场效应管是一种带有控制电极的三端功率器件，而多晶硅 220 与半导体基底 200 彼此分隔的结构进一步暗示该功率场效应管是一种带有沟槽控制栅极的三端功率器件。与图 2-14 所示器件结构相符的三端功率器件至少包含：

槽栅 VDMOS 器件，多晶硅 220 充当控制栅极、并用于控制源极和漏极之间的导电通路，N 型离子注入区域 240 作为源极区域，P 型半导体基底 200 作为 P 型基区，凹陷区 250 用于形成 P 型基区的接触区；

槽栅 IGBT 器件，多晶硅 220 充当控制栅极，并用于控制发射极和集电极之间的导电通路，N 型离子注入区域 240 作为发射区，P 型半导体基底 200 作为 P 型基区，凹陷区 250 用于形成 P 型基区的接触区。

因此，功率场效应管更具体的实现方式，诸如 VDMOS、IGBT 等器件才是对检索有意义的技术主题。由此将 VDMOS、IGBT 作为基本检索要素进行技术主题的检索，进而可以获得与检索内容比较一致的多篇现有技术文献，比如 US2004/0012050A1（如图 2-15 所示）、US2007/0176231A1 等。

---

❶　[捷克] 维捷斯拉夫·本达，[英国] 约翰·戈沃，[英国] 邓肯·A. 格兰特. 功率半导体器件：理论及应用 [M]. 吴郁，张万荣，刘兴明，译. 北京：化学工业出版社，2005.

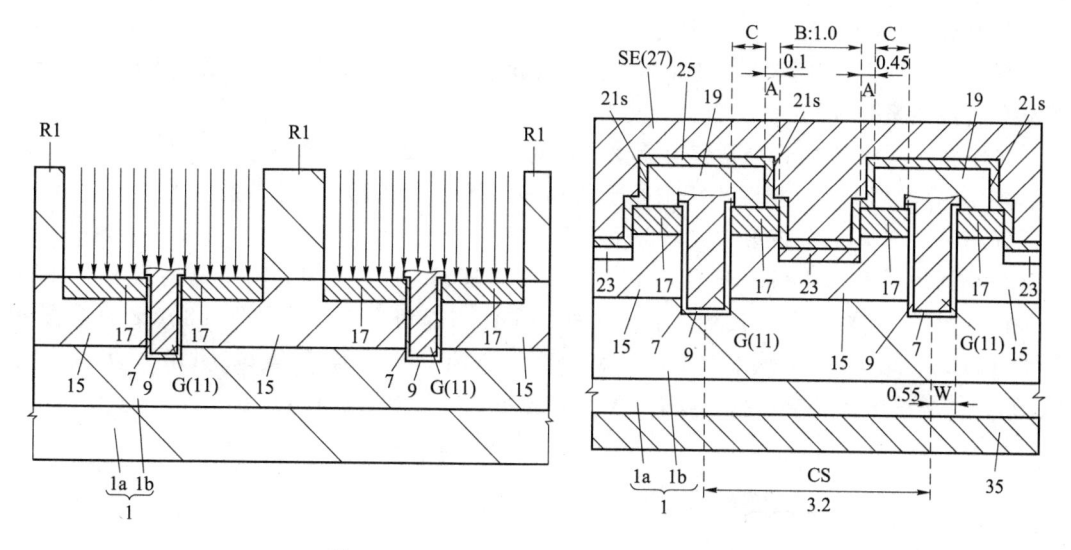

图 2-15　US2004/0012050A1 的接触制程

案例启示：

（1）在半导体器件类的专利申请中，通常以技术主题作为限定技术领域的基本检索要素，因此，在检索前有必要确定检索内容的技术主题。

在本案中，"功率场效应管"概括得过于上位，如果以"功率场效应管"作为限定技术领域的基本检索要素，难于获得有用的检索结果。通过分析功率器件的分类，可以联想到"功率场效应管"的多种实现方式，在这些实现方式中，VDMOS 器件和 IGBT 器件这两类在现代电力电子技术中广泛使用的功率器件，是最为符合申请文件图示的器件结构，从而考虑采用 VDMOS 或 IGBT 器件作为基本检索要素。

（2）基于技术主题的检索，既可以以关键词作为检索入口，又可以以分类号作为检索入口。在本案中，VDMOS 和 IGBT 这两类器件均具有固定的分类位置。

槽栅 VDMOS 器件具有对应的 EC/ICO 分类，如 H01L21/336B2T、H01L29/78B2T、T01L21/336B2T、T01L29/78B2B2、T01L29/78B2T，同时槽栅 IGBT 器件也具有对应的 EC/ICO 分类：H01L29/739C2B2、T01L29/739C2B2。

（3）除 VDMOS 和 IGBT 这两类器件外，图 2-14 中的功率场效应管还可以是 MCT、IEGT 等其他类型的功率器件，此时，多晶硅 220 充当控制栅极，并用于控制阳极和阴极之间的导电通路。因此，仅以 VDMOS 或 IGBT 作为基本的检索要素进行检索可能会遗漏部分文献，因此，没有获得合适的对比文件时，仍需扩展。

（案例提供人：马志勇）

【案例 2-10】

案例要点： 非易失存储器阵列类专利申请技术主题的确定

发明名称： 非易失存储器结构及其阵列

检索针对的内容：

一种非易失存储器阵列，其特征在于，该非易失存储器阵列包括：

一衬底（100）；

多个隔离图案（102），彼此平行配置于该衬底（100）上且沿着一第一方向 Y 延伸，且该些隔离图案（102）的材料为一应力材料；

多个掺杂区（104），分别配置于该些隔离图案（102）下方的该衬底（100）中；

多条字线（106），彼此平行配置于该些隔离图案（102）上且沿着一第二方向 X 延伸，而该第一方向 Y 与该第二方向 X 相交；以及

多个堆栈图案（108），分别配置该些字线（106）下方的相邻两个隔离图案（102）之间的该衬底（100）上，且在该第一方向 Y 上的相邻两个堆栈图案（108）之间具有一开口（112），各该堆栈图案（108）由下而上包括一电荷储存结构（114）及一栅极（116），其中该电荷储存结构（114）至少包括一电荷储存层（120）。

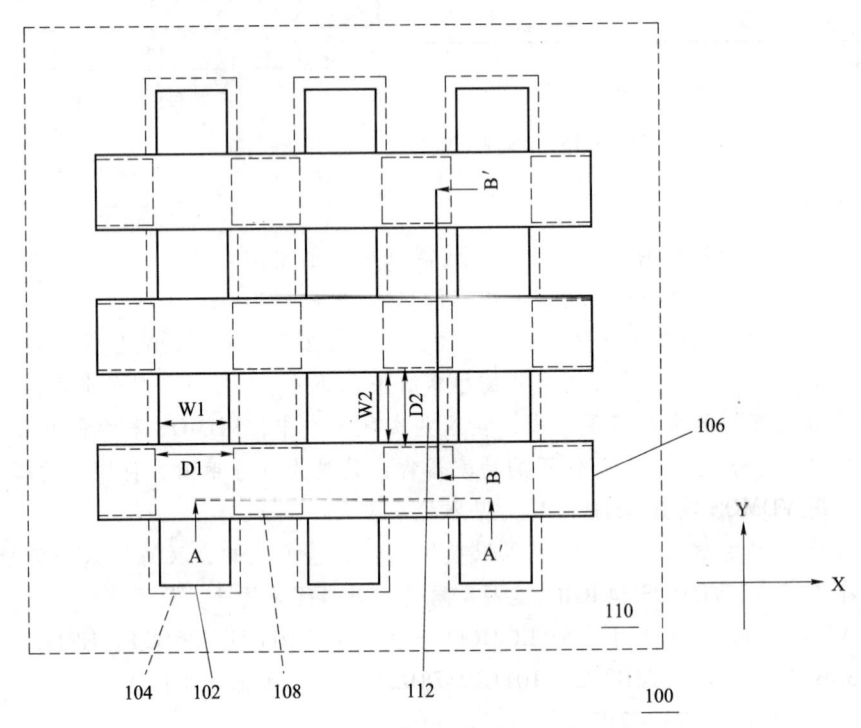

图 2-16　非易失存储器阵列的俯视图

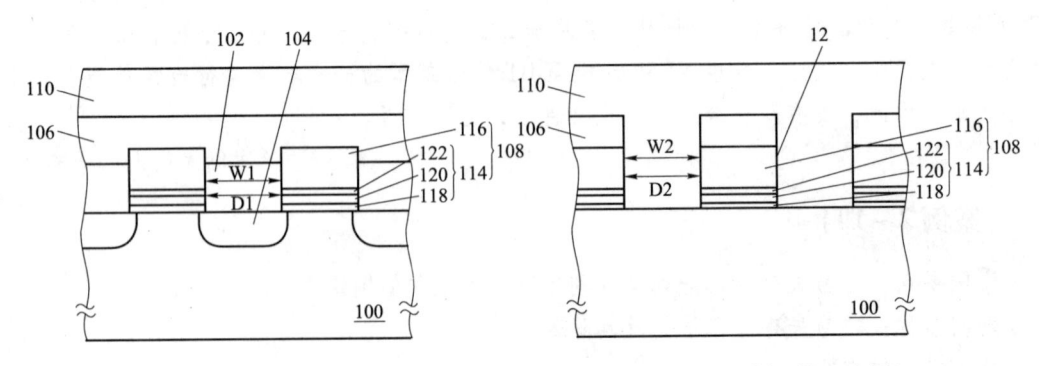

图 2-17　沿图 2-16 中 A-A' 剖面线（左图）和 B-B' 剖面线（右图）的非易失存储器结构的剖面图

分析：

检索内容涉及一种非易失存储器阵列，其中具体限定了该存储器阵列的物理结构，但没有给出该存储器阵列的逻辑结构，这是半导体器件领域涉及存储阵列的权利要求常采用的撰写方式。

一般而言，相同逻辑结构的存储阵列，往往具有相近的物理结构，因而对于涉及存储阵列物理结构的检索内容，通常以该存储阵列的逻辑结构作为技术主题词进行检索，但对于本案，无论是检索内容，还是专利申请文件的说明书，都没有提及存储阵列的逻辑结构，从而从当前的检索内容中不能得到对检索有意义的技术主题。

参见图 2-16 和图 2-17 并结合检索内容的相关描述，能够发现：检索内容中涉及了堆栈图案（即存储单元）、多条字线，唯独没有提及位线，相同的问题同样存在于专利申请文件的说明书中。

基于非易失性存储阵列字线、位线彼此正交配置的常识，而且在图 2-16 给出多条字线沿 X 方向延伸的前提下，可以确定位线应该配置在与 X 方向正交的 Y 方向上，而沿 Y 方向延伸的导电结构仅有掺杂区（104）。由此可知，掺杂区（104）即为存储阵列的位线。进一步参见图 2-17，注意到存储阵列的位线具有掩埋的位线结构，本领域公知的虚拟接地阵列（VGA）通常就具有这种掩埋的位线结构，对比 VGA 阵列（如图 2-18 所示）与本案存储阵列（如图 2-16、图 2-17 所示），可以发现两者的物理结构和逻辑结构完全一致。因而，以虚拟接地阵列（VGA）作为技术主题进行检索。

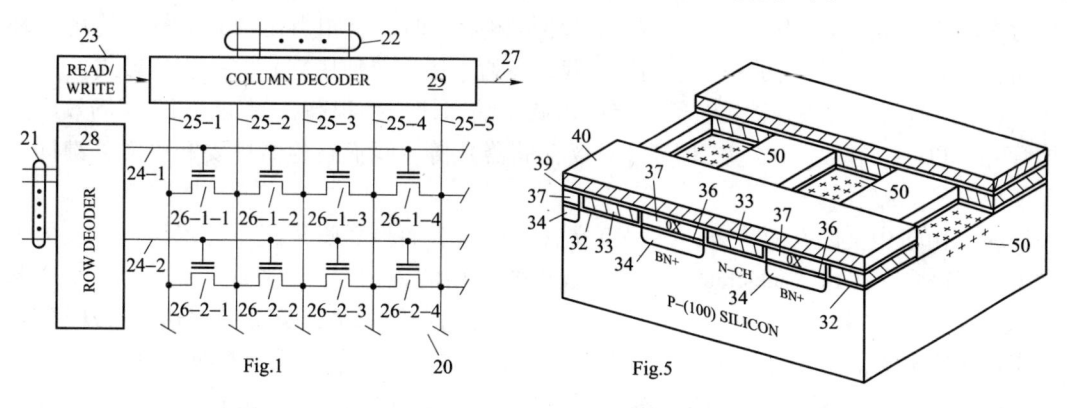

图 2-18　US4597060A 中 VGA 阵列的等效电路图和布局图

案例启示：

（1）在半导体器件领域，对于涉及集成元器件结构（例如存储阵列）的专利申请，可以考虑以该集成元器件结构的等效电路作为技术主题进行检索；

（2）对于本案，在意识到存储阵列的位线具有掩埋的位线结构时，即使在不知晓虚拟接地阵列的情况下，通过关键词检索并结合特殊分类号的统计也可以推测出可能具有掩埋位线的存储阵列结构，具体操作为：在 S 系统由 EPTXT、USTXT 和 WOTXT 组成的族数据库中输入检索式"buried W bit W line?"，接着将检索结果转到 VEN 库，进行 EC 分类号统计，在前 24 项统计结果中，仅有 G11C16/04V 涉及非易失性存储阵列结构，而该存储阵列结构就是 VGA，由此也可以联想到本案的存储阵列可能是 VGA 结构。

（3）对于本案，除采用关键词作为检索入口外，还可以采用分类号进行检索，VGA

阵列具有以下的分类位置。EC/ICO 分类：G11C16/04V、G11C17/12V、S11C16/04V、S11C17/12V；FI 分类：G11C17/00，622C；UC 分类：365/185.16。

（案例提供人：马志勇）

（二）依赖于数据库的关键词筛选

当使用不同的数据库进行检索时，由于各个数据库自身的特点，其关键词的筛选是不相同的，以下将逐一讨论我们工作中主要用到的几个数据库。

1. CNPAT

CNPAT 是摘要数据库。在 CNPAT 库中我们主要使用中文（仅限"简体"）来进行检索（偶尔也辅以某些英文缩写），而中文具有明显区别于西方文字的特点，这些特点导致在 CNPAT 库中选取关键词时具有以下的特点。

（1）"台湾"地区申请的惯用表达。"电子元器件领域"有大量的台湾地区申请，这些申请的申请人往往惯于使用与我们不一致的术语，这导致使用 CNPAT 摘要数据库进行检索时，即使是本领域内很确定的技术术语也可能有大量的同义词存在，例如，关键词为"存储器"时，大量的文献中使用"记忆体"（205）、"记忆胞"（112）、"记忆单元"（82）等（括号内为 CNPAT 库中 H01L 和 G11C 分类号下文献量）来表达相同含义。

（2）"俗称、别称"的表达。中文科技术语的表达随意性比较大，经常出现很多撰写并不规范的词语、甚至是错别字。对此，我们首先要意识到这种现象是非常普遍的，然后平时多注意积累经验，例如，关键词为"环氧树脂"时，有相当比例的文献中使用"环氧树酯"（即使后者使用了一个错别字，我们在检索中也要使用它）这一表达形式。

（3）"缩写"的表达。"电子元器件领域"缩写使用率很高，例如，FET（场效应晶体管）、CPU（中央处理器）、ROM（只读存储器）等，我们在检索中要和中文关键词一并使用这些"缩写"。

（4）由于中文固有的特点，某些英文含义确定、而检索噪声很小的术语，中文的表达方式则很多，例如"substrate"一词，其中文常用的表达有："衬底"、"基底"、"基片"、"基板"、"基体"等；反之，某些中文含义确定的术语，英文的表达方式却很多，对于这样的术语，尤其适合在中文数据库中进行检索，例如"槽"，其英文常用术语有："groove"、"slit"、"slot"、"through"等，而非常接近的词还包括："opening"、"window"、"aperture"等。

（5）"上、下位"关系的表达。具有上下位关系的词也经常作为同一组关键词使用，这一点在"电子元器件领域"中尤为重要，很多具有上下位关系的关键词，它们的关联性很强，这主要是由于"电子元器件领域"技术分支复杂、技术层次多且交叉性强。例如关键词为"闪存"时，其同义词有"快闪"、"Flash"等，其上位词有：ROM、存储器、只读存储器等；其下位词有：NAND、NOR 等。

（6）用途、效果、作用。在关键词的表达时，进行用途、效果、作用的扩展也是必要的。例如，某 MOSFET，其特点在于栅极氧化层使用了"鸟嘴"形的拐角结构，从而提高了阈值电压，对这样一个技术方案，显然"鸟嘴"是需要使用的关键词，同时表征其效果的关键词"阈值电压"也应被考虑。

（7）"被截断的"关键词。中文有许多定语很长的名词，从这些关键词中"截取"

出"核心词",可以提高检索的全面性和检索效率,例如我们要表达"散热器"这一内容,其同义词或近义词很多,如"散热片"、"散热块"、"散热板"、"散热装置"等,我们可以使用"散热"这一词来代表以上所有的这些同义词。

综上所述,我们在 CNPAT 摘要数据库中选择关键词时要考虑多方面的因素,力求在选词时能够全面、完整,以"存储器"这一关键词为例,经过扩展后较全面的"关键词组"为:"存储器 + 存储装置 + 存储元件 + 储存 + 存储 + 记忆体 + 记忆胞 + 记忆单元 + 闪存 + 快闪 + SRAM + DRAM + ROM + Flash"。

2. EPODOC 和 WPI

EPODOC 和 WPI 都是摘要数据库。基于 EPOQUE 系统的这两个数据库的操作基本一致,EPODOC 摘要数据库的主要特点在于 EC/FI/FT 分类系统,而 WPI 摘要数据库则由于其摘要经过专门的数据处理,因此在关键词检索上具有明显的优势,以下将主要以 WPI 摘要数据库为主进行介绍。

(1) 一般的英文词汇都有单复数、时态、语态,少数词汇还有不同的拼写方式,这使得在 WPI 摘要数据库中表达关键词时,往往离不开截词符"?"、"+"、"#"的使用。例如,我们在选择关键词"铝"时,就要注意到它有两种拼写方式,"aluminum"和"aluminium",我们可以一起表达为"alumin?um";我们在选择关键词"钻孔"时,就可以使用"drill+"的形式来代表"drill"、"drilled"、"drilling"等不同时态、语态;而我们在选择关键词"槽"时,就可以使用"slot?"的形式来表达"slot"和其复数形式"slots"。

(2) 选择"词根"。这是由英文作为字母文字的固有特点所决定的,例如我们在选择"磁电"时,可以使用词根"magneto+"来代表"magnetoelectricity"、"magnetoelectric"、"magneto - electric"等一系列的衍生词。

(3) 了解 WPI 摘要数据库的标引特点。WPI 数据库有很多标引和表达的习惯,需要我们进行积累总结,下面给出一些例子:

a. "SiO_2",其标准的英文表达应该是"silicon dioxide",而在 WPI 摘要数据库中大致有 2 倍于前者的文献摘要中出现"silicon oxide"(直译为氧化硅)。在"电子元器件领域",广泛使用不完全化学计量的无机化合物,这使得两者含义非常接近,在某些情况下被混同使用;同时我们还会发现使用"SiOX"、"SiO2"、"SiO"甚至"SiXOY"这些方式进行标引的摘要也不在少数,更有甚者很多摘要中标引为"SiO 空格 2",那我们如何表达更为全面而简单呢?答案是:Si? O? OR (silicon w dioxide) OR (silicon w oxide)。

b. "μm"可以使用"mu w m"来表达,类似的还有很多例如"埃"、"℃"等特殊的符号在 WPI 数据库中都有自己的习惯表达。

c. "N - type"应使用"N w type"来表达,因为"N? type"不能完整的表达"N - type"的含义(我们在 WPI 数据库中使用"N? type"也可以检索到一定量的文献,这是由于"N - type"在 IW 字段中习惯以"N = TYPE"来表达,而在 IW 字段中进行过标引的文献就可以用"N? type"这一表达检索出,而未经 IW 字段标引的则检索不出)。

d. 双引号的使用。我们可以用"N w type"来表达"N - type",那么使用"P w type"是不是就可以表达"P - type"了呢?答案是否定的。这是由于在 WPI 摘要数据库中某些"字母"被默认为运算符,例如 P、W、D 等,因此单纯输入 P 是不能进行检索的,这时要使用双引号,例如"P-N结"的表达为""P" w N w junction"。

e. 用词习惯。WPI 摘要数据库中很多文献的英文摘要是从其他语言翻译而来的,以在"电子元器件领域"占很重要地位的日本文献为例,这些经过翻译的英文摘要具有明显的"日本式"的用词特点。例如前面我们提到过的"槽",其英文常用术语就有:"groove"、"slit"、"slot",而在电子元器件领域的很多日本文献中却惯用"pit"、"ditch"等词。

3. USTXT

上述介绍的 CNPAT、WPI/EPODOC 都是摘要数据库,其主要在摘要、标题、权利要求等字段中进行检索,而由于以下两点使得我们在 USTXT 数据库中进行关键词的全文检索变得有意义:其一,在"电子元器件领域",美国处于世界领先的地位。一方面,很多专利申请仅在美国提出而没有其他同族;另一方面,一般在其他国家有同族的专利都会在美国提出申请;其二,美国专利分类体系与我们惯用的 EC/IC 分类体系具有较大差异,以分类号为入口进行检索面临较大困难。

USTXT 是全文数据库。全文数据库在选择关键词时与摘要数据库的原则略有不同,全文数据库中文字信息量远远大于摘要数据库,因此比较适合使用一些精确性较强的词进行检索,这样可以避免引入过多的检索噪声(在摘要数据库中如果使用这样的词将可能导致检索结果过少);同时也可以使用一些关联词进行替代检索,比如我们想要检索某数值范围,但数值范围在数据库中难以表达,那么我们可以检索它的单位,因为出现单位的情况一般都会伴随有数值范围,当然这样的检索噪声也是较大的,必须要配合其他关键词一起使用。对全文数据库的检索可以作为在摘要数据库中未获得潜在对比文件的一种补充。

【案例 2-11】

案例要点:USTXT 数据库中进行具体半导体层化合物成分的检索
发明名称:非挥发性存储器
检索针对的内容:
一种非挥发性存储器,形成于一基板上,其特征在于,
所述非挥发性存储器包含有:
一下电极,包含有一金属层,设于所述基板上;
一缓冲层,具有一镍酸镧薄膜,设于所述金属层上;
一电阻层,具有一锆酸锶薄膜,设于所述缓冲层上;
以及一上电极,设于所述电阻层上。
检索过程:
分析以上权利要求,本领域公知具有"基板-下电极-电阻层(两侧都可设置缓冲层)-上电极"的结构为阻变储存器(RRAM)的常规结构,本申请的改进之处在于缓冲层及电阻层材料的选择。

在 WPI 文摘库中进行检索,使用检索式:"(SrZrO3 OR SZO OR (STRONTIUM W ZIRCONATE)) AND ((LANTHANUM W NICKELATE) OR LaNiO3 OR LNO)",检索结果仅为一篇,它不能用于本案新颖性、创造性的评述。转而使用 USTXT 全文库进行检索,仍

然使用上述检索式，得到110篇检索结果，从中可以得到能够评价本案新颖性的对比文件，其中关键词"SZO"和"LaNiO3"均是以举例的方式出现在对比文件的说明书中。

（案例提供人：凌宇飞）

（三）依赖于权利要求类型的关键词筛选

权利要求分为产品和方法两类，对于产品权利要求一般更多的倾向于使用表征"结构特征"的那些关键词，更多的体现为名词；对于方法权利要求则一般更多的倾向于使用表征流程的那些关键词，更多的体现为动词；通常还要辅以表征性能、效果、作用、用途等的关键词。而"电子元器件领域"的一大特点就是很多发明既要求保护产品，也要求保护相应的产品制造方法；同时很多产品与其制造方法具有极高的对应关系，可以说每一个具体结构就对应着相应的制造方法；更有甚者，有些方法权利要求由于其使用的所有表征流程的要素，每一个都是本领域公知的，其排他性非常差，使用这样的关键词进行检索将会引入大量的噪声。因此，在电子元器件领域尤其要注意对这两类权利要求的检索不能完全地区分开，而要互相借鉴。

专利文献作为一种科技文献，通常以名词/名词性词组表示结构特征，以动词/动词性词组表示方法特征，以形容词/副词表示性能/用途特征，专利文献在行文上的上述特点使得在关键词检索中名词/名词性词组、动词/动词性词组、形容词/副词的使用最为频繁。

在现代汉语❶中，把名词、动词、形容词、状态词、区别词、数词、量词、代词统称为实词，同时又把副词、介词、连词、助词、语气词统称为虚词。在以中文关键词为检索入口的专利文献检索中，广泛使用的词类，诸如名词、动词、形容词等都属于实词的范畴，同时，仅具有语法意义而不具有完整的词汇意义的诸如介词和连词等虚词，因其表达的多样性和模糊性而在中文关键词的检索中很少使用。例如，在汉语文法中，为表示名词/名词性词组之间的位置关系，常通过介词"在/位于"跟方位名词放在一起构成介词结构，比如"在/位于……上"、"在/位于……下"、"在/位于……中"等，但在中文关键词的检索中，很少使用"上、下、中"这类的方位名词，这是因为汉语大量且丰富的表达方式，诸如"在这种情形下"、"在数量上"等很可能会湮没这些方位名词对位置关系的限定。同样，在英文文法中，将名词、代词、形容词、数词、量词，动词、副词统称为实词，而将冠词、介词、连词、感叹词统称为虚词。在以英文关键词为检索入口的专利文献检索中，不同于中文文法，英文文法仅通过一个单独的介词，比如"above"、"below"、"in/within"等就可以准确地限定方位关系。对于涉及不同结构特征之间位置关系的权利要求，在英文关键词的检索中，通常采用同在算符"S"、"P"、"F"来增强不同结构特征之间的逻辑关系，但即使采用了上述同在算符，在检索结果中存在不相关检索内容的概率也非常大。在这种情况下，如果采用没有词形变化的介词限定不同结构特征的位置关系，则有望进一步提高检索效率。

此外，在一般情况下，权利要求的主题是以肯定方式用特征加以限定的，但是，也有申请人利用"放弃"、"否定限定"或者"排除"等否定方式限制权利要求的范围。对于这种以否定方式表述的权利要求，在关键词的检索中，甚少将具有否定意义的副词或介

---

❶ 中国社会科学院语言研究所词典编辑室. 现代汉语词典 [M]. 北京：商务印书馆，2006.

词，如"不"、"not"、"no"或"without"等作为关键词，但是检索实践发现，采用具有否定意义的副词或介词、乃至其他词类，在某些情况下可以直接获得同样具有否定意义的检索结果，这表明否定词的使用对于排除表述的权利要求的检索具有积极意义。

综合上述分析，汉语中诸如"不"的否定副词，英文中诸如"above"、"below"、"in/within"等表征方位关系的介词、诸如"without"的否定介词，以及诸如"no"、"not"的否定副词，配合邻近算符"W/D"或同在算符"S/P/F"，能有效地限定关键词检索式的句法结构。本节将关键词检索中惯常采用的名词、动词、形容词及其变形的副词的检索定义为"实词检索"，同时将关键词检索实践中最容易忽视的、且可作为关键词筛选要素的其他词类的检索定义为"虚词检索"。

从以上讨论可以看出，虚词的词类特点使得"虚词检索"特别适合于包含方位关系或（隐含）具有排除式表述的检索内容，下面结合具体案例说明"虚词检索"在这两类检索内容中的应用。

1. 包含方位关系的检索内容

【案例 2-12】

案例要点：检索包含方位关系的权利要求
发明名称：半导体器件及其制造方法
检索针对的内容：
一种半导体器件，其包括位于半导体衬底中的第一和第二有源器件区，第一和第二有源器件区通过其间的隔离区相互隔离，其中所述半导体器件包括第一导电互连结构，该结构被嵌入隔离区中并将第一有源器件区与第二有源器件区连接。

检索过程：
在涉及半导体器件的关键词选择中，特别要注意半导体器件的类型，结合说明书的技术内容可知，该半导体器件为静态随机存取存储器（SRAM）单元，因此，可以提取技术主题"SRAM"作为限定检索领域的检索要素。

检索针对的内容没有明确区分"前序部分"和"特征部分"，根据现有的 SRAM 结构，将"所述半导体器件包括第一导电互连结构，该结构被嵌入隔离区中并将第一有源器件区与第二有源器件区连接"视作对现有技术有贡献的"特征部分"，而将其余部分视作"前序部分"，进一步由该"特征部分"，提取结构特征"导电互连结构"、"隔离区"以及限定结构特征间关系的关键词"嵌入"。

分别构建 SRAM 的英文检索要素块 1 和导电互连结构/隔离区/嵌入的英文检索要素块 2，它们所对应的表达形式分别是：

检索要素块 1：SRAM OR (static W RAM) OR (static W random W access W memory)
检索要素块 2：interconnect + S (STI OR isolat +) S (within OR in)

并在 WPI 库中将上述英文检索要素块 1 和英文检索要素块 2 进行"AND"操作，从而可以获得两篇与检索所针对的内容密切相关的专利文献 US2005/0156273A1 和 US2003/0071356A1。

案例启示：
（1）在半导体器件领域，在关键词检索中，通常需要先确定半导体器件的类型，并将之作为限定技术领域的检索要素。

（2）在检索所针对的内容没有明确区分"前序部分"和"特征部分"的情形下，应根据对相应领域技术内容的理解，划分出"前序部分"和"特征部分"，以便于从"特征部分"中进一步提取关键词；

（3）在检索针对的内容中，"导电互连结构"和"隔离区"之间具有"嵌入"式的位置关系，这种位置关系恰是专利申请的核心内容。对于中文检索，很难提取或扩展出能够体现"嵌入"形态的关键词，这是因为"嵌入"形态具有多种中文表达形式，比如"导电互连结构位于隔离区上"、"隔离区中形成有导电互连结构"均可以体现这种"嵌入"形态，同时，即使提取出"上"、"中"等方位名词作为关键词，检索结果中能真正体现出方位关系的结果也甚少，而且检索结果很可能存在大量的诸如"在该情形中"、"在该条件下"之类的习语；对于英文检索，"嵌入"形态也存在与之相对应的多种表达形式，比如"embedded in/within"、"buried in/within"、"formed in/within"等，虽然体现"嵌入"形态的动词并不唯一，但却存在与"嵌入"形态对应的固定介词"in/within"，因此，可以采用"in/within"配合同在算符"S"进一步限定"导电互连结构"与"隔离区"的位置关系。上述分析表明，对于包含了方位关系的权利要求，采用英文词形固定的介词类在外文库中进行检索，效果更为明显；此外，当采用介词 + 邻近/同在算符没有检索到相关文件时，还应该使用常规方法进行补充检索。

（案例提供人：高伟）

2. （隐含）包含排除式表述的检索内容

【案例 2 - 13】

案例要点：检索包含排除式表述的权利要求

发明名称：CMOS 图像传感器的制造

检索针对的内容：

一种装置，包括：

P 型半导体衬底；

形成在所述 P 型半导体衬底中的 P 型光电二极管，以及

形成在所述 P 型半导体衬底中的在所述 P 型光电二极管上的 N 型光电二极管，其中：

所述 P 型光电二极管和所述 N 型光电二极管的结形成耗尽区域，以及

所述耗尽区域的深度使所述 N 型光电二极管具有响应蓝光的光电效应。

检索过程：

初步阅读上述检索内容，确定该装置为光电二极管，因此，提取技术主题"光电二极管"作为限定检索领域的检索要素。

进一步根据申请文件说明书的记载，确定专利申请的核心内容在于"所述 P 型光电二极管和所述 N 型光电二极管的结形成耗尽区域，以及所述耗尽区域的深度使所述 N 型光电二极管具有响应蓝光的光电效应"，以便"可通过对蓝光的光电效应产生电子而不需要蓝光滤光器"，由此将发明的核心特征"不需要蓝光滤波器"作为另一检索要素。

分别构建光电二极管的中文检索要素块 1 和"不需要蓝光滤波器"的中文检索要素

块2，它们所对应的表达形式分别是：

检索要素块1：光电二极管 OR 光电探测 OR 光电检测

检索要素块2：（不 OR 无 OR 没有 OR 未）3W（滤波 OR 滤色）

并在 S 系统 CNTXT 全文数据库中将上述中文检索要素块1和检索要素2进行"AND"操作，从而可以获得一篇与检索所针对的内容密切相关的专利文献 CN1763965A。

分别构建光电二极管的英文检索要素块1和"不需要蓝光滤波器"的英文检索要素块2，它们所对应的表达形式分别是：

检索要素块1：photodiode? OR（photo W diode?）OR photodetect + OR（photo W detect +）

检索要素块2：（without OR "not" OR no）S filter

并在 WPI 摘要数据库和 EPODOC 摘要数据库中将上述中文检索要素块1和检索要素2进行"AND"操作，从而可以获得数篇与检索所针对的内容密切相关的专利文献 JP 特开 2006-73731A、JP 特开 2006-135252A 和 JP 平 4-72664A。

案例启示：

（1）当检索所针对的内容不能明确地体现专利申请的核心思想时，可以通过阅读说明书提取更符合专利申请发明初衷的关键词。在本案例中，检索内容所涉及的特征"所述耗尽区域的深度使所述 N 型光电二极管具有响应蓝光的光电效应"隐含了具有该特征的装置可以"不需要蓝光滤波器"，而"不需要蓝光滤波器"恰是专利申请的发明核心所在，因而以"不需要蓝光滤波器"作为基本的检索要素。

（2）"不需要蓝光滤波器"是一种排除式的表述形式，针对包含排除式表述的检索内容，在中文库中可以构建中文检索式 A"（不 OR 无 OR 没有 OR 未）＋邻近/同在算符＋排除对象"，而在外文库中也可以采用相同的方式构建英文检索式 B"（without OR "not" OR no）＋邻近/同在算符＋排除对象"。中文检索式 A 对数据库有很强的依赖关系，通常而言，排除式表述通常只会出现在中文专利全文库中，很少会出现在中文专利文摘库中，因此，优选在中文专利全文库中执行中文检索式 A；至于是优先在外文全文库中执行英文检索式 B，还是优先在外文文摘库中执行英文检索式 B，审查员可以根据检索数据量的大小自行选择。

（3）针对包含排除式表述的检索内容，除采用前述检索式 A/B 以外，还可以采用"否定性动词＋邻近/同在算符＋排除对象"或否定后缀"-less"来构建检索式，常用的具有否定性意义的动词包括省略（omit）、忽视/忽略（neglect 或 ignore）等。值得注意的是，本案例在外文库中所得的检索结果 JP 特开 2006-73731A，其原始英文摘要就同时存在"OMITTING the formation of a color FILTER"（即"否定性动词＋邻近/同在算符＋排除对象"）和"WITHOUT forming the color FILTER"〔即（without OR "not" OR no）＋邻近/同在算符＋排除对象〕两种表述形式。

（案例提供人：刘中涛）

（四）关键词的筛选原则和获取方式

1. 关键词的筛选原则

一个案子能否顺利检索出潜在的对比文件，取决于是否使用了起决定作用的关键词。

1）选词

通常选择的关键词主要有"排他性关键词"和"范畴性关键词"两种（通常对应为体现发明点的要素和体现技术主题的要素）：所谓排他性关键词，是指使用某关键词后可以排除那些与本申请不相关的现有技术，而将那些相关的现有技术检索出来，使用排他性越好的关键词，则检索结果越精确。所谓范畴性关键词则，是指使用这样的关键词一般可以划定一个检索范围，这个范围往往很大，精确性也很差，但对于何时终止检索具有意义。

2）完整的表达

所谓"完整的表达"，是指使用某一关键词时，要将这一关键词的各种表达形式一起表达出来，成为一个"要素组"，这通常是通过关键词的"扩展"来完成的，经常使用的扩展方式有：同义词、近义词、反义词、别称、俗称、缩略语、上下位概念、效果、用途、作用等，在某些情况下，如果分类号精确，也可以将相应的分类号作为该"要素组"的一部分。

3）使用表达出来的"要素组"进行检索

将各个"要素组"用"与"的关系连接起来，其中可以使用"时间要素"来限定检索范围（需要注意的是，某些情况下不使用"时间要素"进行限定，可以得到一些技术上非常相关的参考文献，这些文献有利于理解发明，更有甚者通过对这样的文献相关背景技术、引证文献和检索报告的"追踪"也有可能得到潜在的对比文件）。

4）不断调整

在检索过程中我们会不断地进行关键词的调整（"要素组"的调整），比如根据文献量的调整、根据检索噪声的调整、根据现有检索结果的调整等。

关键词检索的一般过程是：

（1）分析发明，抽取检索要素，并使用关键词（或分类号）加以表达。

（2）进行 X 类文献的检索，选择那些排他性比较好的关键词（往往来自本申请的权利要求或者说明书）作为检索要素，然后进行适当地扩展得到"关键词组"，再联合具体的分类号构成"要素组"进行检索。通常这样的文献量不会很大；如果我们发现检索结果偏差很大（由于关键词选取排他性很高，很容易出现这种现象），则说明关键词或分类号选择不当，要进行适当的调整；如果得到 X 类对比文件，则检索结束；如果得到相关程度很高，但并不能单篇评述新颖性或创造性的对比文件时，需要进行下一步。

（3）通过分析重新选择/修改/删除关键词（这一步骤可能要重复多次），首先需要预测找到怎样的对比文件 A 和对比文件 B 可以用来结合评价创造性（A 和 B 中的一篇可能是已经检索得到的文献）；然后进行 Y 类文献的检索，如果得到符合要求的 A 和 B 则可以终止检索，如果没有得到，则需要进行下一步。

（4）选择范畴性关键词划定审查员认可的最终检索范围，在其内进行多次尝试，不论是否有可以评价新颖性或创造性的对比文件，检索均告结束。

上述过程中的每一个步骤，都依照检索结果进行各种调整，包括：对检索要素重新表达、扩展、增删分类号、增删关键词、改变 A 和 B 的组合方式、追踪等。

在此通过一个案例来说明利用关键词检索的一般过程。

【案例 2-14】

案例要点：一般检索流程
发明名称：发光二极管及其制造方法
检索针对的内容：
一种发光二极管的制作方法，包括以下步骤：
（1）点底胶：在支架承载晶片的杯子底部点涂上适量的环氧树脂底胶；
（2）固晶：将晶片放入支架杯子底部的底胶上，将所述环氧树脂底胶烘干，就将晶片固定到支架上；
（3）焊线：在每个发光二极管的支架杯子中，用两根金线分别与晶片的阳极和阴极焊接并引出，再用压焊机将各金线的另一端与支架的两电极焊接；
（4）添涂荧光粉：在晶片的侧面及上面添涂混有荧光粉的环氧树脂胶水；
（5）灌胶成型：使用主要成分为环氧树脂的胶水灌注成发光二极管的外形；
（6）后段工序：将多个发光二极管的支架电极分开，得到单个发光二极管；
（7）分光：对多个发光二极管进行光电参数测试并分装。

其特征在于：所述步骤（3）中，还包括步骤（3A）：用压焊机将金线与支架的两电极焊接后，在金线与支架两电极的焊点处焊上或点上保护层，所述保护层为一层银粉与环氧树脂混合的导热导电介质。

检索过程：

首先，分析检索针对的内容，进行关键词的表达。这是一个"电子元器件领域"典型的方法权利要求，其特征记载详细且分类号很难涵盖全部技术内容，比较适合于使用关键词进行检索。通过分析发现检索内容虽然请求保护一种方法，但其表征"动作"的很多要素都不适合进行检索表达（排他性非常差），因此需要辅助选取那些表征"结构"的要素，首先抽取以下的要素：发光二极管、胶、支架、焊线、荧光、保护层。然后分别表达为：发光二极管+LED（体现技术主题）；胶+树脂+树酯；支架+框架+基架+支座+支承+基座+承载；焊线+打线+压焊+焊接+金线+导线+电线+金丝+焊点；荧光+磷光；保护+环氧树脂+环氧树酯（对应英文的表达略去）。

其次，进行 X 文献的检索。本案显然属于半导体工艺，在开始阶段即使不能明确它的具体分类号，审查员也可以确定它必然属于 H01L 小类，这一确定可以有效地剔除大量的由关键词带来的噪声，同时，时间要素也可以剔除掉大量的检索噪声，我们圈定在 H01L 小类和申请日在本申请的申请日之前的文献范围进行检索。

初步检索后发现，在 WPI 摘要数据库和 CNPAT 摘要数据库中，在发光二极管领域使用"保护层"这一组关键词后，检索结果偏差很大（其中大部分涉及 LED 的封装材料），这说明这一组关键词的选择或表达可能不合适，需要调整。初步调整后发现，不使用"保护层"这一组关键词进行检索，得到了一些和本申请比较接近的现有技术，例如，CN2586251Y，暂时将它当做最接近的现有技术 A。

再次，进行 Y 文献的检索。检索内容与现有技术 A（CN2586251Y）相比，区别在于：采用金线焊接并且在焊接后在金线与支架的焊点处点上保护层，保护层为一层银粉与环氧树脂混合的导热导电介质。基于上述区别技术特征可以确定，实际所要解决的技术问题是：确保焊点连接牢固，提高焊接质量，并且保持生产成本变化不大和工序不复杂化。

基于上述区别特征可以预期，可能存在的用于结合的现有技术 B，它应该用于保护焊点和导线，而这样的一种保护结构可以不限于 LED 领域。此时选择以下关键词：保护；焊线 + 焊球（对应英文为：protect + , wire? S bond + , bond + S ball?）。检索结果中并未出现合适的现有技术 B，需要进一步调整。

通过进一步的分析，由于权利要求中的保护层是覆盖在金线与支架（焊盘）之间的焊点上的，并且其保护层的主要特性是黏性材料粘附于所述焊点上。此时，调整选用关键词"粘附"和"覆盖"（对应英文为：glue、past + 和 cover +），由此得到了现有技术 B（US6117705A），其附图 6 公开了在将焊线 208 的第一末端 216 焊接到焊盘 103 后，形成焊点 218，在焊点 218 上采用点胶的方式形成保护层 219，保护层 219 为环氧树脂（如图 2 – 19 所示）。

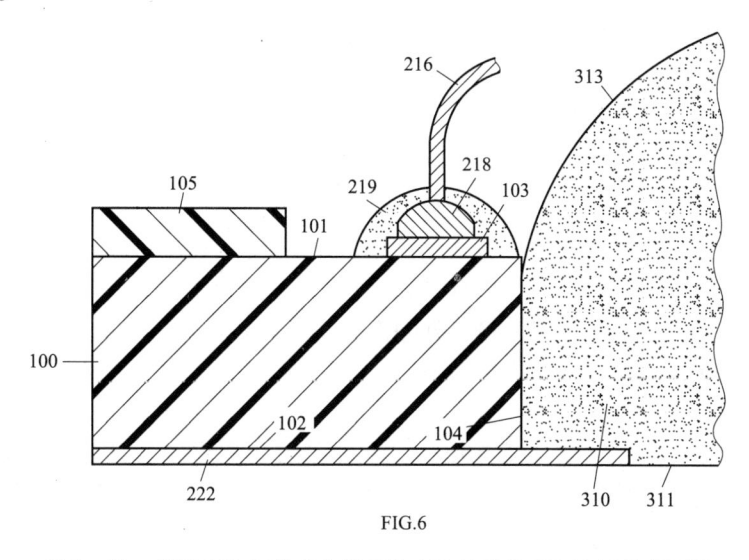

图 2 – 19　焊线 208 与集成电路芯片 100 的焊盘 103 连接的截面图

最后，在上述检索过程中如果没有发现 A 和 B 文献，那么可以考虑，选择一些范畴性关键词划定审查员认可的最终检索范围，在其内进行多种尝试（也可以考虑扩展到全文数据库进行一些补充性检索），如果仍未找到对比文件则可以宣布检索结束。

（案例提供人：王小东）

2. 关键词的获取方式

关键词的获取方式是多种多样的，其中主要的获取方式来自于相关申请的案件信息（包括说明书、权利要求和摘要），可以直接选择其中的一些词作为"核心关键词"，这些词相应的英文表示则可以通过同族、优先权及英文摘要加以获得；获得关键词的另一个重要手段是翻阅本申请的引用文献、背景技术或在检索过程发现的其他相关文献。可以说，关键词的获取主要有两种方式：一是直接从专利申请文件中提取关键词，申请文件的各组成部分，无论是包含概括性特征的权利要求，还是能够体现技术细节的具体实施方式，都可作为关键词的获取来源；二是通过阅读专利申请文件或在检索过程中通过阅读其他相关资料，分析得出没有直接记载在专利申请文件中、但可能更贴近专利申请发明初衷或更易于专利申请实施的关键词。相比前一方式，这一方式更取决于对专利申请所涉及技术内容的认知程度。选定核心关键词后要进行适当的扩展，这时除了平时工作积累的经验外，还可以使用 EPOS 数据库，各种字词典以及 WPI 摘要数据库中的"..IND 关键词"命令加以辅助；当检索深入到一定程度后，使用 IW、IWW 字段（WPI 数据库中可以在某一分类号下进行关键词的统计分析，获得按照词频标引的关键词列表）也可以获得一部分关键词。

下面结合具体案例对于上述后一种关键词获取方式进行说明。

【案例 2 – 15】

案例要点：检索非易失性存储单元
发明名称：利用修改的表面形态形成存储器结构的方法及其结构
检索针对的内容：
一种用于形成半导体结构的方法，包括：
提供半导体衬底；
形成覆盖所述半导体衬底的第一隧道电介质；
形成覆盖所述第一隧道电介质的第一浮置栅；
在所述第一浮置栅上淀积多个预成形的分离元件；
形成覆盖所述多个预成形的分离元件的控制电介质；以及
形成覆盖所述控制电介质的控制栅。
检索过程：

初步阅读检索内容，可以确定其中的半导体结构是一种具有浮栅的 Flash 存储单元，进一步阅读专利申请文件发现，本案的发明目的在于：提供了一种降低浮置栅尺寸而不显著降低栅极耦合比的制造工艺，因此，检索内容中与发明目的较为相关的技术特征是"在所述第一浮置栅上淀积多个预成形的分离元件"。

在专利申请文件中，"预成形的分离元件"具有多种实现方式，例如"纳米簇、纳米晶、分离贮存元件、表面增强分离元件等或其组合"，由此提取表达准确的技术术语"纳米晶或纳米簇"作为关键词。

构建"纳米晶或纳米簇"的检索要素块，并在 CPRS 系统/EPOQUE 系统中进行检索，同时采用技术主题"浮栅存储单元"或相关的分类号进一步限定检索领域，浏览检索结果发现，绝大多数检索结果均涉及纳米晶浮栅存储单元，但检索结果中的纳米晶浮栅存储单元与检索内容所涉及的浮栅存储单元在结构和功能上都存在很大差异，浮栅存储单元惯常采用连续的膜材如多晶硅、金属等作为浮栅，而纳米晶浮栅存储单元则采用分布在绝缘介质中且被该绝缘介质彼此隔离的纳米颗粒作为电荷俘获中心。因此，有必要重新调整检索策略。

联想到 DRAM 存储单元惯常采用 HSG（半球状颗粒）增加存储单元电容器的面积，而检索内容中"淀积多个预成形的分离元件"同样是为了增加控制栅和浮置栅间寄生电容的面积，因此，考虑采用"HSG（半球状颗粒）"作为关键词。

分别构建"浮栅存储单元"的英文检索要素块 1 和"HSG（半球状颗粒）"的英文检

索要素块2，它们所对应的表达形式分别是：

检索要素块1：(Float + 3W gate) OR H01L29/788/IC OR H01L21/336/IC

检索要素块2：HSG OR (hemi W spherical W grain?) OR (hemispherical W grain?)

在 EPOQUE 系统中将上述英文检索要素块1和英文检索要素块2进行"AND"操作，从而可以获得2篇与检索针对的内容密切相关的专利文献 US6117756A 和 US6008517A。

案例启示：

(1) 在本案中，作为对现有技术作出贡献的特征，无论是检索内容中的上位词汇"分离元件"，还是专利申请文件中的下位词汇"纳米晶或纳米簇"，都不适合作为关键词，前者因为"分离元件"有很大噪声且不能反映技术本质，后者因为包含"纳米晶或纳米簇"的存储单元绝大多数都不属于传统意义上的浮栅存储单元，从而无法获得有用的检索信息（如上分析，包含"纳米晶或纳米簇"的存储单元大部分是纳米晶浮栅存储单元）。

(2) 在 DRAM 元件中，在存储电极表面形成微小的半球状硅晶颗粒（HSG）以便增加存储电极有效表面积的技术得到了广泛的应用，其中半球状硅晶颗粒的制备方法也发展得相当成熟，而检索内容中"淀积多个预成形的分离元件"的目的也在于增加寄生电容的耦合面积，虽然 DRAM 存储单元与浮栅型存储单元分属于易失性与非易失性的不同存储单元类别，但可以预想，直接借用已经成熟的 HSG 沉积方法（包括直接借用 HSG 的沉积工艺和相关参数）来实施本专利申请可能更为容易，本领域技术人员在技术上遇到的困难可能也更小。在半导体器件领域不乏与上述借用相似的情形，同一工艺方法可能用于形成不同类别半导体器件的不同部分，例如，相同的多晶硅沉积方法既可以用于形成太阳能电池的光吸收层，还可以用于形成功率场效应晶体管的栅电极。由上述分析可知，在本案检索过程中所联想的关键词"HSG"相较于检索内容中"分离元件"、及至申请文件中"纳米晶或纳米簇"是一种更为具体的实现方式，这种实现方式的联想在很大程度上依赖于对这一领域相关器件及其制作工艺的熟悉程度。

(3) 在半导体器件领域，非专利文献已经成为检索工作中不可或缺的资源，作为对专利文献检索的补充，选择在 ISI 数据库中进行非专利文献的检索，在检索主题中输入"HSG AND floating AND memory"，即限定主题 = (HSG AND floating AND memory)，还可以获得2篇与检索内容密切相关的非专利文献"A low voltage operating flash memory cell with high coupling ratio using horned floating gate with fine HSG"和"A 0.54 μm^2 self-aligned, HSG floating gate cell (SAHF cell) for 256 Mbit flash memories"。

（案例提供人：刘中涛）

三、专利全文检索策略

专利全文数据库作为重要的专利检索工具，在检索内容上与专利文摘数据库具有较强的互补性。与专利文摘数据库相比，专利全文数据库提供的检索信息更加细化、具体和全面，在专利检索尤其是涉及发明高度较低的改进发明检索中日益受到重视：此类申请经常涉及具体结构、细节特征描述如形状、厚度、位置、参数等，这些特征通常出现在专利全文中，很少出现在专利文摘中。因此，在专利全文数据库检索此类申请更加有效。

本节以 S 系统全文数据库为例，介绍专利全文数据库的检索策略。目前 S 系统专利全文数据库可供检索的字段较少,以关键词检索为主,文摘库检索经常使用的特殊分类号检索策略、申请人和发明人追踪检索策略均需要通过转库检索来实现。下面对关键词检索策略、分类号检索及相关度检索策略、全文数据库和文摘数据库检索顺序选择进行详细介绍。

(一) 关键词检索策略

1. 关键词选择

关键词检索是专利全文库检索的基本途径。因此,关键词的选择、扩展和调整成为检索成功的关键。关键词检索可遵循以下规则:

(1) 优先选取准确关键词进行检索,CNTXT 全文库检索时尽量采用"单"字进行检索。专利全文数据库优先采用从属权利要求/实施例中的下位概念词汇进行检索,这样检索比采用上位概念词汇更加有效率、同时可降低检索噪声。

(2) 优先采用逼近式检索方式,尽量不采用块检索模式,通过控制检索词的个数将检索文献量控制在可阅读范围之内。

(3) 在未检索到合适文献时,需要对关键词进行扩展,如上位概念、同位概念、技术效果或技术问题等;必要时对检索基本要素和检索词个数进行调整。

2. 关键词检索模式

专利全文数据库关键词检索的常用模式主要有以下方式。

1) 直接检索对现有技术作出贡献的技术特征

在文献量容忍范围内,直接对申请的现有技术贡献的技术特征/附加技术特征进行检索。该模式可避免以下情况所造成的漏检:关键词选词不当、技术领域存在多种表达方式,以及申请对现有技术贡献的技术特征与技术领域之间不存在必然关系等。例如,检索某种合金或混合物的组分配比,该合金或混合物因具体用途不同,可能会同时存在多个应用领域。因此,限定检索领域可能会导致漏检。

2) 结合技术领域技术特征进行检索

当检索内容与所属技术领域密切相关时,对领域关键词/领域分类号和对现有技术贡献的技术特征同时进行检索,必要时领域关键词和领域分类号均使用。其中领域关键词/领域分类号将检索限定在一较合理范围内,通过与对现有技术贡献的技术特征相与确定相关文献。

3) 合理使用算符进行检索

(1) 利用邻近算符/同在算符来提高检索准确度

全文检索使用"AND"算符噪声很大,可使用邻近算符/同在算符来限定检索关键词之间的逻辑关系,从而提高检索准确度和降低检索噪声。S 系统提供了丰富的邻近算符/同在算符,如邻近算符 W/D、同在算符 F/P/S。在检索时既可在复合索引 BI 中进行检索,也可在 CLMS(权利要求书)和 DESP(说明书)索引中分别进行检索,如检索 A、B 和 C 3 个检索要素同在说明书同一段落内,构建检索式为/DESC A P B P C。

(2) 利用截词符实现数值范围检索

S 系统对数值进行了全面标引(包括表格),可利用截词符"+"、"#"和"?"实现数值范围检索。其中"+"号代表任意个字符,"#"代表 1 个字符,"?"代表 0-1 个字符。如检索 7~9A/dm², /DESC 7 OR 7. + OR 8 OR 8. + OR 9；检索 700-800℃, /CLMS 7## OR 7##. + OR 800；检索包含 20 和 200 的数值, /DESC 20?. + OR 20 OR 200。

（3）利用时间字段来控制文献量

检索时，可利用申请日/公开日等时间检索字段将检索文献量降低，从而限定在一可阅读范围内或提高检索效率。

4）中英文专利全文族数据库检索

在 S 系统通过建立全文族数据库，可实现中英文全文数据库联合检索，避免分开检索中文和英文全文数据库，提高检索效率。在核心检索界面，可通过在全文数据库名称前面的框内打钩来快速建立全文族数据库。

当在全文数据库未检索到合适对比文件时，需转入专利文摘数据库和非专利数据库继续进行检索。

（二）分类号检索及相关度检索策略

1. 分类号检索

全文数据库的分类号检索应重视粗分类号的检索。IC/EC/FI 分类号主要针对技术领域和对现有技术贡献的技术特征进行分类，而在全文中检索的技术特征经常并未体现在专利文献分类号上。故若仅采用准确分类号进行检索，容易漏检。目前 S 系统专利全文数据库仅可对 IPC 分类号进行检索，不能对 EC/FI/FT/UC 等特殊分类号进行检索。

S 系统专利全文数据库 EC/FI/FT/UC 等特殊分类号、申请人和发明人检索，需要通过转库检索来实现。目前 S 系统虽然在核心检索的检索历史中转库命令正常，但界面检索的转库命令 TODB 无法实现正确转库。S 系统全文数据库的界面检索和核心检索在后台实际上为同一检索数据库，仅仅是检索操作界面不同，因此在界面检索时也可通过核心检索界面的转库命令进行转库，如图 2-20 所示。

Epoque 系统专利全文数据库未提供分类号、申请人和发明人检索入口。因此，在 Epoque 系统进行上述入口的检索，均需要通过转库检索来实现。

图 2-20 检索历史的转库命令示意图

2. 相关度检索

相关度检索为专利全文检索非常重要的检索入口，其按照检索结果与检索式的相关程度进行显示，排在最前面的文献被认为最为相关。相关度排序可有效降低专利全文检索的噪声；并在不需要过多增加检索词的前提下，将检索文献量控制在可阅读范围内。目前，S系统专利全文数据库未提供相关度排序检索入口，Google Patents、Freepatentsonline 和中国专利全文检索系统均提供相关度排序检索。其中 Google Patents 和 Freepatentsonline 提供的相关度排序可靠程度较高，推荐在专利全文检索中使用。中国专利全文检索系统的相关度排序可靠度较低，当在相关度较高的文献中没有找到相关的对比文件时，需要继续浏览其他的专利文献。

（三）全文数据库和文摘数据库检索顺序选择

专利全文数据库和文摘数据库的检索顺序，是审查员采用S系统检索时常常面对的问题。在以下情况下可优先采用专利全文数据库进行检索：

（1）对发明高度比较低的改进发明和附加技术特征检索。此类申请经常为在现有专利基础上作出的改进发明，如涉及具体化合物名称/结构式、细节特征描述如具体结构、形状、厚度、位置、参数等。上述技术特征更多出现在专利全文中，很少出现在专利文摘中，因此使用摘要数据库检索容易漏检。

（2）系列申请检索。大公司申请经常对某一主题进行一系列申请，在先申请经常可作为评价在后申请新颖性/创造性的 X/Y 类文献。检索的技术特征或技术方案更多出现在在先申请专利全文或权利要求中，审查员可优先对申请人/发明人通过转库在全文数据库进行检索。

（3）实用新型检索。相当部分实用新型的申请者为国内企业或国内个人申请，技术方案经常为在已有中文专利基础上作出的改进。故发明高度相对较低，可优先在专利全文库特别在中文全文库 CNTXT 中进行检索。

（四）检索案例

下面结合两个实际检索案例，对专利全文数据库检索策略的运用和实际检索过程进行介绍。

1. 数值范围检索案例

【案例 2 – 16】

案例要点：数值范围检索

发明名称：制造超导线的方法和超导设备

检索针对的内容：

一种制造超导线的方法，包括步骤……将所述基板浸入硫酸铜溶液中；以及用所述硫酸铜溶液作为电镀液通过电镀在所述银稳定层上形成铜稳定层，其中在所述电镀时，要被电镀的物体表面的电流密度不大于 $9A/dm^2$。

检索过程：

电流密度不大于 $9A/dm^2$ 为申请人声称的对现有技术贡献的技术特征，也是与对比文件1唯一的区别技术特征。该申请对现有技术贡献的技术特征涉及细节技术特征 – 数值参数，优先在全文数据库进行检索。检索模式为直接检索对现有技术贡献的技术特征，在族数据库（CNTXT、USTXT、EPTXT 和 WOTXT）中检索式1和检索式2分别检索得到70篇和 12 篇专利文献。检索到 CN1455829A、CN1509351A、CN1158915A、CN 1275176A 和 US2006051677A1 等多篇电流密度落入申请人请求保护数值范围的现有技术文献。图 2-21 为在界面检索通过"..FO"聚焦模式快速确定对比文件。

检索式 1：
/DESC（硫酸铜 OR CUSO4）P（A/dm2 OR A /dm2）

检索式 2：
/DESC（硫酸铜 OR CUSO4）S〔(3 OR 4 OR 5 OR 6 OR 7 OR 8 OR 3. + OR 4. +OR 5. + OR 6. +OR 7. + OR 8. +) 2D (A/dm2 OR A /dm2)〕

```
3/7      USTXT
DESC1-
          ...
          solution of polyvinylidene fluoride in N-methylpyrrolidone was applied to the
          rough side of the carrier foil (Ra=0. 5 μM). The solvent vaporized to form a
          polymer film. The carrier foil coated with the polymer film was electroplated
          in an H2SO 4/CuSO4-based plating bath containing 250 g/l of CuSO4%
        @ and 70 g/l of H2SO4 at a current density of 5 A/dm2 to form a lower
          surface layer of copper on the polymer film to a deposit thickness of 5 μm.
          The carrier foil having the lower surface layer formed thereon was washed with

PN    - US2006121345    A1    20060608
```

图 2-21　界面检索通过..FO 命令聚焦显示效果图

案例启示：

（1）数值范围检索为专利检索的难点问题，S 系统对数值进行了全面标引（标引包括表格），并提供了配套可检索字符。S 系统数值检索推荐采用以下两种方法：一是通过将检索要素与数值的单位采用同在算符 P/F/S 进行限定检索（检索式 1）；二是直接用截词符对数值范围进行表达，然后采用邻近算符 W/D 限定数值范围与单位之间的关系（检索式 2）。

（2）用邻近算符限定数值范围与单位之间关系时，准确表达关系推荐用 2D，其可准确表达数值（例如 3）与单位（例如 A/dm^2）之间间隔 0~2 个字符的情况，如 $3A/dm^2$、$3\sim10A/dm^2$、3 to (and) $10A/dm^2$ 等情况；此外，上述表达式会遗漏数值与单位之间间隔更多字符的情况，如 3，4，10，$11A/dm^2$。因此若未检索到，可适当对检索式进行扩展。

（3）该案为涉及数值范围的细节申请，在全文数据库检索更加有效，可优先采用。而且，检索到对比文件的摘要中未出现上述数值范围，在摘要库检索容易漏检。此外，该案对现有技术贡献的技术特征—数值范围与技术领域超导联系并不紧密，故采用直接检索对现有技术贡献的技术特征的模式；若限定技术领域也将漏检上述对比文件。

（案例提供人：马志勇）

2. 材料具体组成检索案例

【案例 2-17】

案例要点： 材料组成检索

发明名称：一种直流电连接器

检索针对的内容：

权利要求1：一种直流电连接器，包括：直流电连接器本体和线材，其特征在于：所述直流电连接器还包括膜状连接体，所述膜状连接体包裹在所述直流电连接器本体与所述线材焊接部位的外表面。

权利要求2：所述膜状连接体为热熔胶。

权利要求3：所述热熔胶为聚酰胺热熔胶。

检索过程：

该申请为实用新型，申请人为国内企业，本申请对现有技术贡献的技术特征在于膜状连接体采用聚酰胺热熔胶替代UV胶这一细节技术特征，优先采用中文全文数据库进行检索。检索模式对技术领域和本申请对现有技术贡献的技术特征同时进行检索，其中采用同段算符的检索式2检索到2篇X文献CN201094141Y和CN2645258Y。具体检索式如下。

检索式1：428　连接器 AND（线材 OR 线缆 OR 缆线 OR 电缆 OR 电线）AND 焊 AND（热熔胶 OR 聚酰胺 OR PA）

检索式2：14　/DESC 连接器 p（线材 OR 线缆 OR 缆线 OR 电缆 OR 电线）p 焊 p（热熔胶 OR 聚酰胺 OR PA）

案例启示：

（1）该案为涉及具体结构以及材料具体组成的细节申请，同时又是国内企业申请，重视并优先采用中文全文数据库进行检索。其中在检索到的2篇X文献摘要中并未涉及热熔胶或聚酰胺，在CN2645258Y中具有技术启示的技术方案为背景的内容，故在专利文摘库检索容易漏检该对比文件。

（2）检索式1使用"AND"算符检索噪声很大，检索式2采用同段算符"P"来准确表达检索要素之间的逻辑关系和降低检索噪声。

（3）膜状连接体为非通用词汇，直接用从属权利要求/实施例准确下位概念热熔胶、聚酰胺（PA）进行检索。

（4）当检索要素存在多种准确表达时，需要进行扩展，如对领域检索词线材进行扩展；中文检索更多使用"单"字检索，避免扩展不足造成的漏检，如"焊接部"可能表达为焊部、钎焊部等。

（案例提供人：马志勇）

四、非专利文献检索策略

专利审查中存在数量较多的以高校科研院所提出的申请为代表的一类申请，对比文件经常是非专利文献如期刊、会议论文以及硕博士论文。因此，对此类申请进行非专利检索显得尤为重要和关键。目前审查员在外网进行非专利检索主要面临以下问题：一是在非专利检索中存在数量众多的文摘和全文数据库，其文献覆盖范围经常存在交叉，如何选择合适的数据库是检索中必须关注的问题；二是在追踪检索中作者姓名的英文拼写存在多种表达方式，如何实现准确、快速检索是目前面临的难题；三是此类申请经常没有英文同族，英文关键词需要进行合理扩展。

(一) 检索数据库选择

从数目繁杂的文摘和全文数据库中选择合适的检索数据库，是进行非专利文献检索必须面临的问题。非专利检索通常在文献覆盖面更广的文摘数据库中进行。表 2-2 列出了目前经常使用的非专利文摘数据库的检索配置。其中 ISI 和 Google 检索范围最为系统、全面，在非专利检索中可优先使用。EI 和 Inspec 分别在工程领域和物理、电学领域检索更具特色。此外，Scopus/Scirus 是 Sciencedirect 数据库于 2004 年建立起来的一个集期刊、会议论文、专利、图书以及学术网页搜索为一体的综合文摘和引文数据库。

1. 优先采用 ISI 和 Google 进行检索

ISI 综合了 SCI、Inspec、WPI、BIOSIS Previews、MEDLINE 等众多文摘数据库，具有丰富的检索字段、引文和标引体系，检索专业、全面；Google 可同时检索主要的非专利全文数据库、FreepatentsOnline、Patentlens、USpatent 等专利全文、图书全文以及高校、科研院所和公司的网页。ISI 与 Google 相比，在会议论文检索、引文检索、检索字段和检索算符上更加全面和专业，特别 ISI 数据库检索历史提供检索结果即检索式之间的 "AND" 或 "OR" 逻辑运算检索。Google 作为专业的搜索引擎，在检索能力和效率上更加突出，虽然期刊文献覆盖面不如 ISI 全面且会议论文收录相对较少，但其期刊检索基本上已覆盖 IEEE、ACS、AIP、APS 等重要全文数据库，而且对其中部分数据库的检索是全文检索而不仅仅检索摘要，因而检索信息更加丰富。此外，Google 还对互联网众多网页（包括高校、研究院所和政府网页）和部分专利全文进行检索，而 ISI 不提供这方面内容的检索。因此在检索中若 ISI 与 Google 结合进行，检索结果将更加准确和全面（见表 2-2）。

表 2-2 常用非专利文摘数据库检索配置

名称	逻辑算符	通配符	关键词	引文	分类号	多次检索
ISI (SCI/Inspec/WPI)	AND, OR, NOT SAME, " ",?, $	*	有	有	无	有
SCI	AND, OR, NOT SAME, " ",?, $	*	KEYWORDS, KEYWORDS PLUS	有	无	有
EI	AND, OR, NOT NEAR, NEAR/0, " "	*,?	受控词,非受控词	有	有	有
Scopus Scirus	+, -, AND, OR, NOT, " "	*,?	有	有	无	有
Google	AND（空格）, OR, -, " ", INURL, SITE	无	无	有	无	有
Inspec	AND, OR, NOT SAME, " ",?, $	*	非受控词,受控词	有	有	有

2. 使用叙词表和分类号进行检索

EI 和 Inspec 在关键词和分类号方面进行了专业的数据深加工，提供受控词（来自叙词表)、非受控词(来自文献)和自建的分类号检索,可进一步提高文献检索的效率和准确度。图2-22给出了 Inspec 数据库收录文献的受控索引、非受控索引和分类代码等,其标引非常详细和专业。

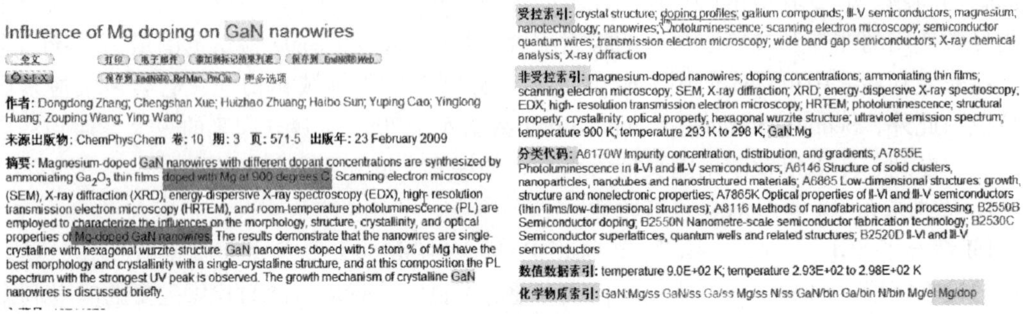

图 2-22 Inspec 数据库检索结果显示界面

3. 非专利文献数值范围检索

针对目前数值范围和化合物很难有效检索的情况,Inspec 对收录文献进行了数值数据和化学数据加工,提供专业化的数值和无机化学数据检索:提供如高度、频率宽度、电阻、温度、电压等非常细化的数值检索分类和如所有化学特征描述、被吸附物或吸附物、二元系、掺杂物、元素、界面系统等化学数据分类,Inspec 数值数据索引和化学物质索引如图 2-22 所示。此外,中国期刊网 CNKI 3.0 知识搜索提供数字搜索、图形搜索和表格搜索,其中数字搜索提供科技数值知识元库搜索,但其搜索基于中国期刊网文献原文,而非深加工的标引字段,其数字搜索与 Inspec 的数值数据搜索在搜索能力上存在很大的差距。

(二) 非专利检索中的追踪检索

在非专利检索中追踪检索主要进行引文追踪和作者追踪,其中引文追踪主要追踪检索文献的参考文献和引文字段,作者追踪主要追踪申请人和检索得到相关文献的作者。在表 2-2 所列数据库中,ISI 数据库文献覆盖面最全面,作者追踪推荐优先在 ISI 数据库中进行。在作者追踪中,由于作者的姓名拼写存在多种表达方式而使检索非常复杂和难以全面进行。下面将结合 ISI 数据库对这一问题进行分析并提供一种简单、便捷的追踪方法。

1. 追踪对象选择

作者追踪首先要选择具体检索的对象,不需要对所有作者/发明人都进行追踪,可主要考虑以下几个方面:(1)发明人排名中的前两位通常为发明的主要贡献者,重点对其进行追踪;(2)课题组组长追踪,课题组组长通常会在课题组发表的所有文章作者中出现,并且对其追踪最为全面。课题组组长通常为期刊检索中的通讯作者;此外,发表文章作者排名中的最后一位,经常为课题组组长,需要关注和核实。在一般情况下,追踪发明人中的前两位即可。

2. 基本检索方法

文献中给出的作者姓名和地址中的学校名称存在多种表达方式,但作者姓氏和学校所在城市总是以全称出现,故可用"AND"连接符对检索作者的姓氏进行追踪,必要时结合关键词和/或城市地址进行，这样一方面仅对姓氏追踪可有效解决检索中需要对作者姓名进行多种格式扩展的问题；另一方面关键词和/或城市地址的引入，可进一步缩小检索范围，从而提高作者追踪的效率和准确度。此外，也可以使用通配符"＊"来提高检索的准确度，如袁永波表示为"YUAN Y＊B＊ OR Y＊B＊ YUAN"。下面采用〔案例2－18〕对该追踪方法进行说明。

【案例 2 – 18】

案例要点：发明人追踪检索

发明名称：一种有机电致发光器件

发明人：周翔、袁永波、连加荣、李爽

检索针对的内容：

一种有机电致发光器件，该器件由依次设置的基底、底电极、载流子传输层、发光层、载流子传输层、上电极构成，其特征是：所述的有机材料发光层由发光材料8－羟基喹啉铝（Alq_3）掺杂的9，10－二萘基蒽（AND）构成。

检索过程：

在 ISI 中检索发明人前两位的姓氏"ZHOU AND YUAN"，同时采用"GUANGZHOU"和"ALQ"对"地址"和"主题"分别进行限定，检索到 1 篇在摘要中披露本申请对现有技术贡献的技术特征的国际会议论文，会议时间早于本申请的申请日，如图 2 – 23 所示。

（案例提供人：马志勇）

图 2 – 23 ISI 检索结果显示界面

（三）关键词扩展

高校科研院所的申请通常没有英文同族，可通过以下途径进行英文关键词扩展：

① 本申请的英文摘要（EPOQUE、中国专利信息中心网站中国专利文摘数据库（英文版）可获得）；② CNKI 翻译助手，其给出的英文对应词汇均来自期刊网收录的学术论文，并给出含有查询词汇的论文原句，更加有利于合适关键词的选择；③ 发明人发表中文文章的英文摘要、英文文章以及发表文章的参考文献；④ 新世纪汉英科技大辞典。

（四）非专利文献日期确定

在非专利文献公开日期确定时，应注意以 Sciencedirect 数据库为代表的网络在线预公开文献，其出版期刊上发表的文献在正式出版（给出确定卷、期和页码）之前，会在数据库网站上首先以在线形式公开，并给出"available online"日期，该日期早于期刊正式出版日期，此类文献的最早公开日应该为"available online"日期，在审查时需要注意该日期是否早于本申请的申请日，即能否作为现有技术使用。如图 2-24 所示，该文献的出版日为 2009 年 10 月，"available online"日期为 2009 年 7 月 21 日，在 ISI 等文章数据库检索文献出版时间不能用时，要注意"出版商"字段给出的出版商是否为 Sciencedirect，其出版的期刊需要查看"available online"日期是否可用。

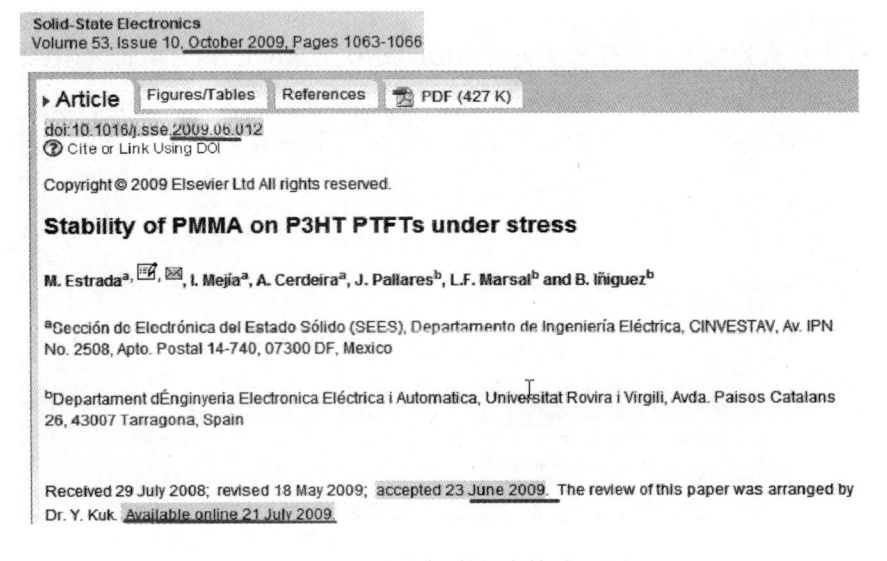

图 2-24 Sciencedirect 数据库结果显示界面

五、公知常识及其检索策略

对于教科书或工具书等中披露的属于公知常识的技术手段，审查员在实际审查过程中经常会采用，并给申请人提供相应的证据。然而，在电子器件领域中，其涉及的领域很宽，审查员通常不能对所有基础知识都了然于心，这使得审查员在寻找相应的教科书或工具书时，难免会遇到一些困难。本部分旨在对电子器件领域的教科书或工具书进行粗略的梳理和整合，以利于广大审查员的查找使用；然而，相对于纸件教科书或工具书的获取，通过检索得到电子版教科书或工具书对日常的审查工作更为便捷。基于此，本部分还介绍了电子器件领域教科书或工具书的常用检索资源及其检索手段。

(一) 电子器件基础知识索引

1. 半导体工艺基础知识

1)《微电子技术工程——材料、工艺与测试》，刘玉岭等编著，电子工业出版社。获取方式为：纸件借阅或购买。

该书属于微电子技术基础著作，其全面地介绍了半导体工艺的基础部分，其行文流畅，配有丰富的图片信息和理论推导信息。该书主要内容包括：<u>硅衬底的加工成型技术</u>、<u>硅衬底的抛光技术</u>、<u>硅衬底研磨和清洗技术</u>；<u>硅气相外延技术</u>；<u>键合技术</u>；<u>微机械加工技术</u>；<u>氧化及钝化技术</u>；<u>扩散与离子注入</u>；<u>制版技术及原理</u>；<u>图形转移技术及原理</u>；<u>刻蚀技术</u>；<u>多层布线与全面平坦化技术及原理</u>；<u>封装技术及原理</u>；<u>金属处理技术及原理</u>；<u>硅单晶性质的检测设备与技术</u>。该书适合审查员进行广义地查找和了解半导体工艺相关技术的基础知识。

2)《硅集成电路工艺基础》，关旭东编著，北京大学出版社。获取方式为：纸件借阅或购买。

该书为多所高校的教科书，并且目前为业界普遍采用的参考书籍，其全面、系统地讲述了有关硅集成电路制造的基础工艺以及介绍了集成电路制造中新技术的最新发展，涵盖了涉及集成电路工艺的所有知识点，通俗易懂。该书主要内容包括：<u>氧化</u>；<u>扩散</u>；<u>离子注入</u>；<u>物理/化学气相淀积</u>；<u>外延生长</u>；<u>光刻与刻蚀</u>；<u>金属化与多层互连</u>；<u>CMOS 集成电路、双极集成电路以及 BiCMOS 集成电路的工艺集成</u>。该书适合审查员进行广义地查找与硅集成电路制造相关的基础知识。

该书还附有以下附录：常用金属元素材料及其电学特性；金属硅化物、金属合金的电学特性；常用的金属材料和合金的晶格结构参数；半导体材料的晶格参数；金属材料薄膜在硅衬底上的晶格常数失配因子；常用的半导体和绝缘介质原子数比的变化率；物理常数（如真空介电常数）；部分常用材料（Si、aSiC、SiO_2 等）的性质；硅片鉴别方法（SEMI 标准）；以及半导体领域的常用英文缩略语及相应的中文含义（如，PSG 磷硅玻璃）。这些附录中的内容对公知常识举证很有帮助。

3)《硅片加工技术》，康自卫等编著，化学工业出版社。获取方式为：纸件借阅或购买。

该书主要从实际工艺的角度对硅片生产过程进行了详细的介绍，包括硅片生产设备的种类、性能及其使用方法，硅单晶从滚磨与开方、切割、研磨、抛光、清洗一直到检验包装的整个生产过程与管理，<u>对硅片生产有一个全貌的介绍</u>。该书适合审查员集中查找涉及"晶片加工成型"技术的相关基础知识。

4)《金属有机化合物气相外延基础及应用》，陆大成等编著，科学出版社。获取方式为：纸件借阅或购买。

该书论述了<u>金属有机化合物气相外延（MOVPE）生长系统和原材料特性</u>等实验基础、<u>MOVPE 生长热力学</u>、<u>化学反应动力学和输运现象</u>等理论基础，并在此基础上系统介绍了 <u>III-V 族和 II-V 族化合物半导体材料生长及其量子阱、量子点等低维结构的 MOVPE 生长</u>。该书适合审查员集中查找涉及"MOVPE 生长"技术的相关基础知识。

5)《光学投影曝光微纳加工技术》，姚汉民等编著，北京工业大学出版社。获取方式为：纸件借阅或购买。

该书系统地介绍了光学光刻技术的发展历史以及光学投影光刻的工作原理、分类、组成的系统及关键单元技术、技术发展趋势和前景。该书主要内容包括：<u>光学投影光刻基础</u>；<u>投影曝光光学系统</u>；<u>掩模硅片对准</u>；<u>精密定位工件台</u>；<u>分辨力增强技术</u>；<u>投影光刻整机集成</u>；<u>投影光刻技术的发展趋势及纳米光刻新技术</u>。该书适合审查员集中查找涉及有关"光刻"领域的基础知识。

6)《电子封装与互连手册（第4版）》，C. A. 哈珀主编，电子工业出版社。获取方式为：纸件借阅或购买。

该书为"电子封装与互连系列"丛书的较重要的一册，列出了较多的新封装、新材料、新工艺、新技术的数据，并且没有涉及很多深奥的理论分析和数学推导，通俗易懂。该书主要内容包括：<u>电子封装的基本技术</u>；<u>电子封装中的互连技术和各类集成电路的封装</u>；<u>较为热门的高速和微波电子系统的封装</u>。该书适合审查员集中查找涉及有关"封装"领域的基础知识。

7)《半导体材料测试与分析》，杨德仁等编著，科学出版社。获取方式为：纸件借阅或购买。

该书主要介绍半导体材料的各种测试分析技术，特别是半导体材料电学性能和光学性能的测试，其中涉及一些较新测试技术的基本原理、仪器结构、样品制备和应用实例等内容，具体包括：<u>四探针电阻率</u>；<u>无接触电阻率</u>；<u>扩展电阻</u>；<u>微波光电导衰减</u>；<u>霍尔效应</u>；<u>红外光谱</u>；<u>深能级瞬态谱</u>；<u>正电子湮灭</u>；<u>荧光光谱</u>；<u>紫外可见吸收光谱</u>；<u>电子束诱生电流</u>；I-V 和 C-V 测试等测试分析技术。该书适合审查员集中查找涉及有关"测试"领域的基础知识。

2. 半导体器件基础知识

1)《半导体器件完全指南》，[美] 伍国钰等编著，科学出版社。获取方式为：纸件借阅或购买。

该书为全面收集半导体器件的工程学指南，共收集了74类、200多种器件，并对每种器件的背景知识、结构、原理及应用作了完整的概述。该书的特点是内容全面，简洁易懂，列出了关键信息，略去了烦琐的数学公式推导，方便快速浏览。该书按照器件特性分为以下部分：第1-5章为涉及<u>整流器的二极管</u>；第6-12章为涉及<u>负阻N形的二极管</u>；第13-16章为涉及<u>负阻S形的二极管</u>；第17-21章为涉及<u>负阻渡越时间的二极管</u>；第22-33章为涉及<u>场效应的晶体管</u>；第34-45章为涉及<u>电势效应的晶体管</u>。其中，每章涉及一种特定的器件。另外，该书还涉及<u>非易失性存储器</u>；<u>晶闸管和功率器件</u>；<u>光源</u>；<u>光电探测器</u>；<u>双稳态光学器件</u>；<u>传感器</u>。该书适合审查员进行广义地查找和了解半导体器件相关结构的基础知识。

2)《半导体器件物理（第3版）》，[美] 施敏等编著，西安交通大学出版社。获取方式为：纸件借阅或购买。

该书为半导体器件领域的经典著作，现已发行至第3版，其保留了前2版中涉及的重要半导体器件的详尽知识内容，包括双极、场效应、微波、光电器件和传感器的性能特点，其还加入了三维 MOSFET、MODFET、共振隧穿二极管、半导体传感器、量子级联激光器、单电子晶体管、实空间转移器件等新型器件。该书主要内容包括：<u>pn 结二极管</u>；

金属－半导体接触；金属－绝缘体－半导体电容；双极晶体管；MOS 场效应晶体管；JFET、MESFET 和 MODFET 器件；隧道器件；碰撞电离雪崩渡越时间二极管；转移电子器件和实空间转移器件；晶闸管和功率器件；发光二极管和半导体激光器；光电探测器和太阳电池；传感器。该书适合审查员进行精确地查找和了解半导体器件相关结构的具体基础知识。

3)《半导体物理学》，刘恩科等编著，国防工业出版社。获取方式为：纸件借阅或购买。

该书为大多数高校学生学习半导体物理的启蒙著作，也是半导体器件领域的基础教程，其全面论述了半导体物理的基础知识。该书主要内容包括：半导体中的电子状态；半导体中杂质和缺陷；半导体中载流子的统计分布；半导体的导电性；非平衡载流子；p-n 结；金属和半导体的接触；半导体表面与 MIS 结构；异质结；半导体的光学性质和光电与发光现象；半导体的热电性质；半导体磁和压阻效应；非晶态半导体。该书适合审查员进行精确地查找和了解半导体材料相关特性的具体基础知识。

4)《LED 制造技术与应用》，陈元灯等编著，电子工业出版社。获取方式为：纸件借阅或购买。

该书从 LED 芯片制作、LED 封装和 LED 应用等方面介绍了 LED 的基本概念与相关技术，详细讲解了 LED 封装过程中和开发应用产品时应注意的问题，特别是 LED 应用的驱动和散热问题、二次光学设计问题、防静电问题等。该书主要内容包括：LED 的基本概念、LED 芯片制作工艺、LED 芯片的类型、大功率 LED 芯片；LED 封装；白光 LED 的制作；LED 的技术指标和测量；LED 的应用；大功率 LED 的驱动电路；大功率 LED 的应用。该书适合审查员进行集中地查找和了解有关"LED"领域的基础知识。

5)《半导体激光器》，江剑平编著，电子工业出版社。获取方式为：纸件借阅或购买。

该书比较全面地介绍了半导体激光器的基本工作原理、器件结构、工作特性、主要材料与工艺技术。该书主要内容包括：半导体激光器的物理基础；光子与半导体中载流子的相互作用；半导体激光器的工作原理；F-P 腔半导体激光器的结构及特性；半导体激光器的动态特性；分布反馈式半导体激光器与布拉格反射式半导体激光器；可见光半导体激光器；半导体蓝、绿光激光器；中、远红外半导体激光器；垂直腔面发射激光器；VCSEL 阵列；量子阱半导体激光器；半导体激光放大器及其应用；半导体激光器列阵及光电子集成；半导体激光器的材料、工艺可靠性；半导体激光器的应用。该书适合审查员进行集中地查找和了解有关"半导体激光器"领域的基础知识。

6)《光电探测技术与应用》，郝晓剑等编著，国防工业出版社。获取方式为：纸件借阅或购买。

该书主要讲述了光电探测系统中所涉及的光（辐射）源、光电探测器以及常用的光电探测技术，以及光电探测器的典型应用。该书主要内容包括：光电探测技术基础；光电探测中的常用光源；光电导器件；半导体结型光电器件；光电成像器件；红外与微光技术；微光信号处理技术；常用光电探测技术；典型光电探测系统。该书适合审查员集中地查找和了解有关"光电探测器"领域的基础知识。

7)《太阳能电池：工作原理、技术和系统应用》，[澳] Martin A Green 编著，上海交通大学出版社。获取方式为：纸件借阅或购买。

该书重点叙述了太阳能电池的基本工作原理和设计、采用的电池制作工艺和改进工艺。该书主要内容包括：太阳能电池和太阳光；标准硅太阳能电池工艺；硅太阳能电池的改进工艺；硅太阳能电池的设计；其他器件结构（同质结、半导体异质结、金-半异质结、MIS 太阳能电池、光电化学电池）；聚光型系统；光伏系统的组成与应用；住宅用和集中型光伏电力系统。该书适合审查员进行集中地查找和了解有关"太阳能电池"领域的基础知识。

8)《先进半导体存储器》，[美] 沙玛等编著，电子工业出版社。获取方式为：纸件借阅或购买。

该书深入介绍了先进半导体存储器的技术与发展。该书主要内容包括：静态随机存取存储器技术；高性能的动态随机存取存储器；专用 DRAM 结构与设计；品质因素与宽带隙半导体的应用；SiC 器件工艺；GaN 基 III-V 族氮化物宽带隙半导体。该书适合审查员进行集中地查找和了解有关"半导体存储器"领域的相关知识。

9)《碳化硅宽带隙半导体技术》，郝跃等编著，科学出版社。获取方式为：纸件借阅或购买。

该书介绍了碳化硅宽带隙半导体的基本性质、晶体及薄膜生长、器件工艺以及在高温、高频、大功率器件等领域的应用，同时对金刚石、GaN 基 III-V 族半导体作了相应的介绍。该书主要内容包括：SiC 半导体材料及其性质；SiC 单晶体的生长；SiC 薄膜的生长及其机理；品质因素与宽带隙半导体的应用；SiC 器件工艺；GaN 基 III-V 族氮化物宽带隙半导体。该书适合审查员进行集中地查找和了解有关"宽带隙半导体"领域的基础知识。

10)《纳米半导体》，马洪磊等编著，国防工业出版社。获取方式为：纸件借阅或购买。

该书全面系统地阐述了纳米半导体的基本概念、制备技术和 10 种电学纳米半导体的结构、形貌、组分、电子结构、光电特性、磁学性质、场发射特性及其应用。该书主要内容包括：纳米半导体结构的制备技术；Si 纳米结构；Ge 纳米结构；C 纳米管；GaAs 纳米结构；GaN 纳米结构；SiC 纳米结构；ZnO 纳米结构；SiO_2 纳米结构；Ga_2O_3 纳米结构；TiO_2 纳米结构。该书适合审查员进行集中地查找和了解有关"纳米半导体器件"领域的基础知识。

3. 其他电子器件基础知识

1)《模拟 CMOS 集成电路设计》，[美] 拉扎维等编著，西安交通大学出版社。获取方式为：纸件借阅或购买。

该书为模拟 CMOS 集成电路领域的经典著作，是加州大学洛杉矶分校的教材，该书内容丰富，循序渐进，阐述了各种模拟电路的基本原理和概念。该书主要内容包括：单级放大器；差动放大器；无源与有源电流镜；放大器的频率特性；噪声；反馈；运算放大器；稳定性与频率补偿；带隙基准；开关电容电路；非线性与不匹配；振荡器；锁相环；短沟道效应与器件模型；CMOS 工艺技术；版图与封装。该书适合审查员进行精确地查找和了解"模拟 CMOS 集成电路结构"的具体基础知识。

2)《数字集成电路》，[美] 拉贝等编著，电子工业出版社。获取方式为：纸件借阅或购买。

该书为数字集成电路领域的经典著作，该书对 MOS 器件和连线的特性作了简要介绍，深入分析了<u>反相器</u>，并延伸到<u>组合逻辑电路</u>、<u>时序逻辑电路</u>、<u>控制器</u>、<u>运算电路以及存储器</u>中；以 0.25 微米 CMOS 工艺的实际电路为例，讨论了<u>深亚微米器件效应</u>、<u>电路最优化</u>、<u>互连线建模和优化</u>、<u>信号完整性</u>、时序分析、时钟分配、高性能和低功耗设计、设计验证、芯片测试和<u>可测性设计</u>等主题。该书适合审查员进行精确地查找和了解"数字集成电路"的具体基础知识。

3)《电线电缆手册》，王春江、徐应麟、印永福编著，机械工业出版社。获取方式为：纸件借阅或购买。

该书共分 3 册：

第 1 册为<u>电线电缆产品部分</u>，内容包括：裸电线与裸导体制品、绕组线（电磁线）、电力电缆、通信电缆和通信光缆、电气装备用电线电缆等产品的品种、规格、用途、技术指标、性能要求和设计计算、试验方法与测试设备等；并对电缆护层的结构、性能、受力计算，以及护层的性能试验进行了详细地介绍；

第 2 册为<u>电线电缆材料部分</u>，内容包括：电线电缆和光缆所用的金属、纸、纤维、带材、光纤、电磁线漆、油料、涂料、塑料、橡胶等材料，全面介绍了各种材料的品种、组成、性能、用途、技术要求及有关性能的试验方法；

第 3 册为<u>电线电缆的附件、安装和维护部分</u>，内容包括：电力用裸线、电力电缆、通信电缆与光缆、电气装备用电线电缆等产品的附件、安装敷设与运行维护，并对各类产品安装及运行的技术指标、性能要求和设计计算、试验方法，以及防腐与保护措施也作了详细的介绍。

该书适合审查员进行精确地查找和了解"电缆"领域的基础知识。

4)《最新电子元器件产品大全（第 4 册）》，《最新电子元器件产品大全》编委会编著，电子工业出版社。获取方式为：纸件借阅或购买。

该书主要介绍了电阻器、电容器、磁性材料、电感、变压器、石英晶体、电声器件、微电机及接插件等，包括有厂家名录、产品型号数据、外形图及相关标准。该书主要内容包括：<u>固定式电阻器</u>；<u>电位器</u>；<u>电容器</u>；<u>磁性材料与元器件</u>；<u>电感器、线圈和电子变压器</u>；<u>压电石英晶体材料与器件</u>；<u>电声器件</u>；<u>微电机</u>；<u>连接器和开关</u>。该书适合审查员进行精确地查找和了解"电阻器、电感器和电容器"领域的具体基础知识。

（二）公知常识检索

1. 读秀学术搜索

1）读秀学术搜索简介

读秀学术搜索是完整的文献搜索与获取服务平台，其后台建构在由海量全文数据及资料基本信息组成的超大型数据库基础上。以 315 万种中文图书、10 亿页全文资料为基础，为读者提供深入内容的章节和全文检索、部分文献试读、文献传递等多种功能。其一站式检索实现了馆藏纸质图书、电子图书、学术文章等各种异构资源在同一平台的统一检索，是一个真正意义上的学术搜索引擎及文献资料服务平台。网址为：www.duxiu.com。

2）公知常识的读秀搜索

图 2-25 为"读秀中文学术搜索"的首页。该首页给出了 7 个频道（首页中 A 表示的栏）：知识、图书、期刊、报纸、学位论文、会议论文、文档，其他频道在"更多"的链接中给出。进入首页默认的是"知识"频道。

图 2-25 读秀中文学术搜索首页

"知识"频道是以知识点（一个词、一句话）为对象进行搜索，并深入到章节，给出相关知识点的出处来源及相关信息，其给出的信息是以页或章节为单位。因此，如果该知识点在某书中多次出现，那么搜索结果中会多次出现该书的不同部分信息。

根据频道名进行其他相关类型的搜索，如"图书"频道进行图书的搜索，"期刊"频道进行期刊文件的搜索，但需要注意的是，"图书、期刊、学位论文、会议论文"频道不是全文检索，上述频道只是在一些重要字段中进行检索，如"图书"频道只是在书名、简介、目录、主题词中进行检索。

由于公知常识是众所周知的知识，其一般不会成为书籍的主要内容，也不会在书目简介、目录、主题词中出现。因此，"读秀中文学术搜索"中的"知识"频道因其深入章节的全文检索特点，成为首推的公知常识检索途径。

(1) 读秀"知识"频道的全文检索

读秀学术搜索的全文检索功能，打破了文献的传统阅读使用方式，其是把所有图书打碎，以章节为基础重新整合在一起，运用全文搜索手段，可以深入到具体章节帮助使用者直接查找、阅读到相关知识点。全文搜索的目标，是电子图书中与关键词相关的图书中的某页。

首先，选择"知识"频道进入全文搜索界面，在搜索框中输入检索词，然后单击"中文（外文）文献搜索"，执行搜索。例如，利用全文搜索方式检索"发光二极管"与"照明"，搜索结果如图 2-26 所示。

图 2-26 中 A 栏是搜索输入框，用于输入搜索关键词。

B 栏是统计信息栏，用于显示搜索结果的统计信息，包括搜索结果总数、搜索用时。

C 栏是一条用于显示的检索结果，其包括了标题、红色高亮显示的关键词、与资料时间等内容。

搜索输出页是以年代的倒序进行排列的，在同一年代的检索信息中，按照关键词的相关度以及邻近度进行排序。

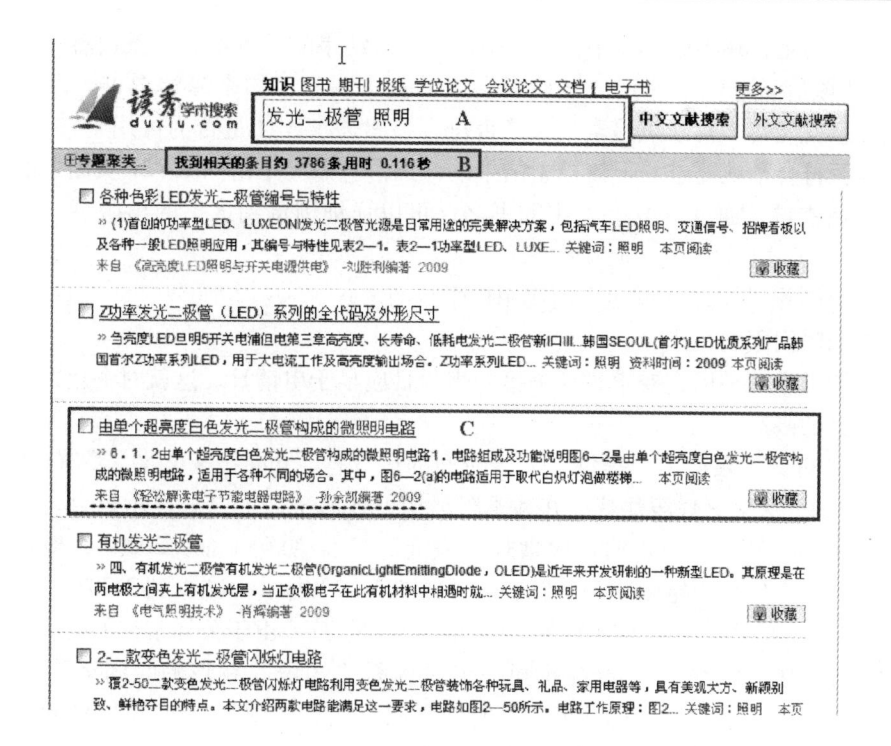

图 2-26　读秀搜索结果页面

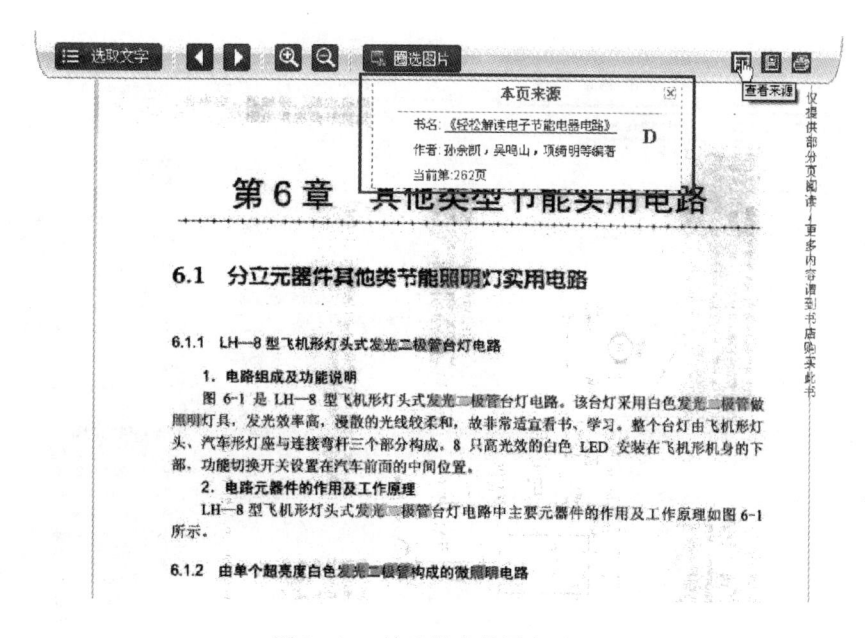

图 2-27　读秀搜索的图书页面

检索输出界面，单击文献标题或"本页阅读"即可进入文献阅览界面来查阅文献，且检索的关键词会在文献阅览界面中高亮标注，如图 2-27 所示。在文献阅览界面中，单击"资料来源"可以查看文献资料的出处、作者等信息；单击页面上方的功能按钮可以进行放大缩小、文字识别、选取图片、保存、收藏、打印等操作。

需要强调的是，在图 2-26 中，C 栏中每条检索结果的下方都有一条信息（C 栏中虚线部分），从该信息可以快速定位该检索结果的基本内容：如来源的图书，以及出版年代，从该信息就能初步判断该检索结果是否符合检索需求，如是否为可用于举证的书籍、出版年代是否符合举证要求。但该检索结果的详细信息需要单击图 2-27 页面中的本页来源（D 栏）后查看，通过单击 D 栏中的书名，可以详细浏览到该书的出版页、目录页等具体信息。

下面介绍读秀"知识"频道中的实用检索技巧。

搜索中的时间限制

关于公知常识的举证，要求举证书籍的出版日应早于申请日，这就对书籍的读秀搜索提出了时间上的限制。

在读秀"知识"频道中，提供了关于时间的运算符"time：××××"（如图 2-28 所示），其中的××××代表年代，在检索时运用上述后缀，可以只显示符合时间年限的检索信息。如在"知识"频道输入检索式"发光二极管 照明 time：2009"，检索得到的结果从原先的没有年代限定的 3 786 个结果（如图 2-27 所示）减少到 3 703 个结果（如图 2-28 所示），其只显示资料时间在 2009 年的检索信息。由于公知常识的时间要求是一个时间段，如出版时间小于 2009 年即可，但是读秀"知识"频道的时间运算符"time：××××"不具备时间段运算的功能，其时间限制只能具体到某一年如 2009 年。并且在读秀"知识"频道中无法实现时间段运算，这是读秀"知识"频道的一个缺陷。

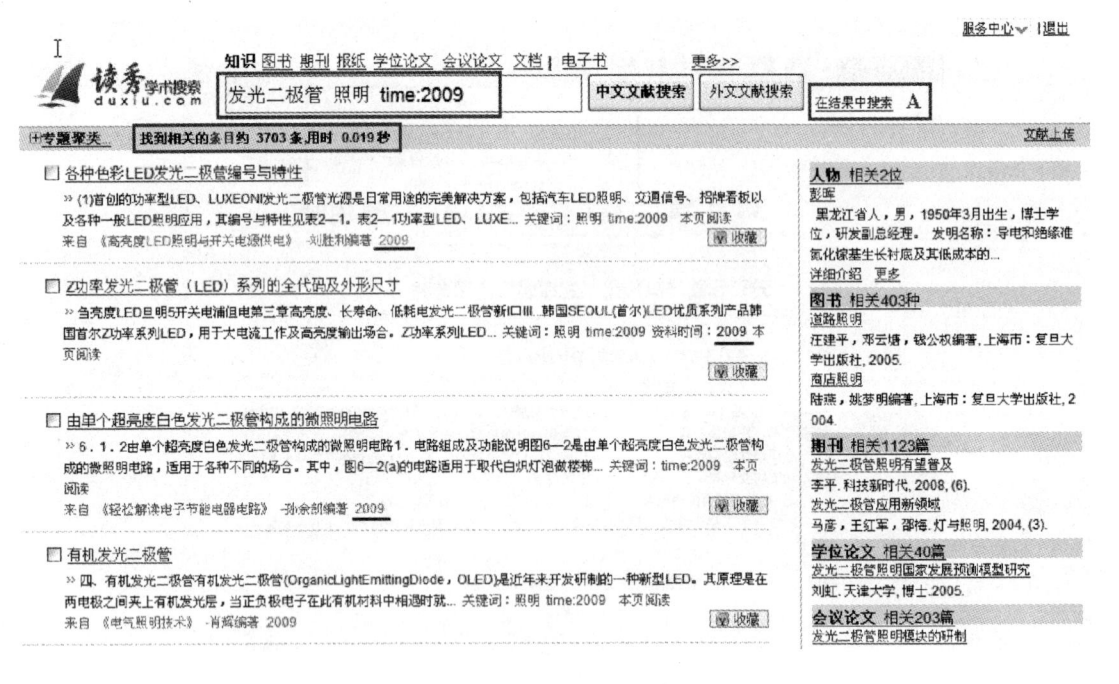

图 2-28 读秀搜索的年代限制

二次检索

读秀学术检索还提供了二次检索的入口。具体见图 2-28 中的栏 A "在结果中搜索"。通过该功能，可以大幅减少检索信息量，并对知识点进行精确定位。如在图 2-28 的页面中用"白光"进行二次检索，可使检索结果从 3 703 减少为 1 个。需要强调的是，二次检索只在读秀中实现，而在后文介绍的其他图书全文数据库中都没有包括该功能。

关键词算符

读秀中多个关键词之间若没有算符，则默认关键词之间是逻辑"与"的关系。而读秀还提供了两个实用算符，半角减号和半角引号。减号" - "紧跟在要排除的词前面，代表逻辑"非"，其用做在结果中排除紧跟的词。半角引号表示精确检索，引号中的检索词不拆分，引号中的文字不截断。

但读秀没有提供逻辑"或"的算符，因而对于关键词的精确输入提出了更高要求。

（2）图书、期刊、报纸、学位论文、会议论文频道检索

"图书、期刊、报纸、学位论文、会议论文"频道的基本检索与"知识"频道类似，但"图书、期刊、学位论文、会议论文"频道不是全文检索，上述频道只是在重要的字段中进行检索。

但上述频道还提供了"知识"频道不具备的"高级检索"模式。高级检索是指可以对书名、作者、主题词、出版社、ISBN 等字段进行逻辑组配的检索，同时还可以对每屏显示的检索结果数进行设置，单击图 2 - 29 中的"图书"频道的"高级检索"按钮，进入如图 2 - 30 所示的高级检索界面，根据需要在相应的检索框中输入检索词进行精确搜索。

图 2 - 29　读秀"图书"频道

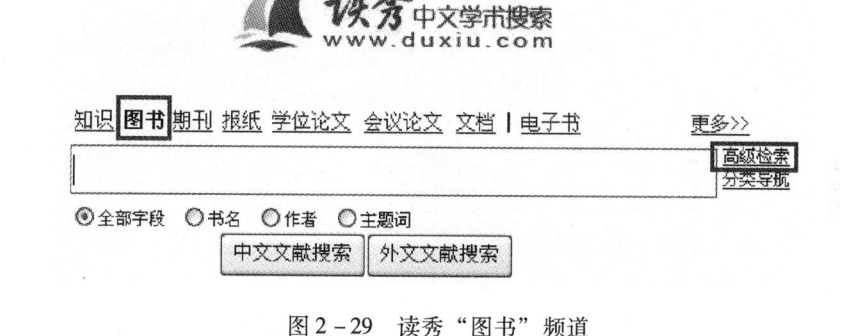

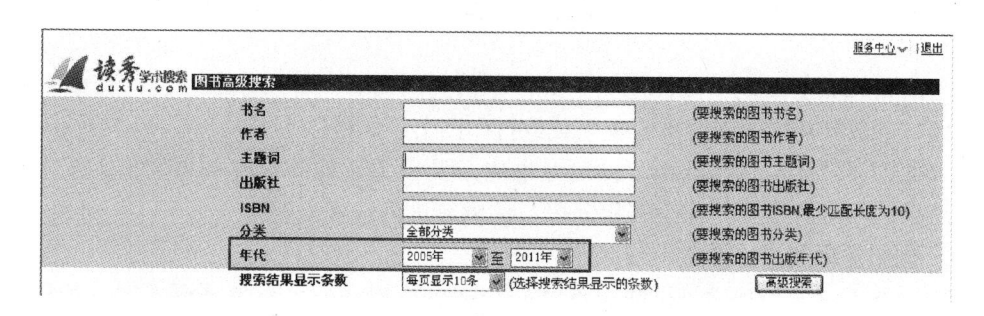

图 2 - 30　读秀"图书"频道高级检索模式

在高级检索界面，有一个重要的功能就是年代时间段的限定，如可以限定图书检索的年代自 2005 年至 2011 年（图 2 - 30 中矩形框所示）。

但是，由于"图书"频道只是在重要的字段如书名、简介、目录、主题词中进行检索，这就决定了"图书"频道不能进行如"知识"频道那样的深入全文的图书检索，因而在不明确需要检索哪本图书的情况下，不适合于公知常识检索。

读秀"图书"频道还有一个重要的功能，就是当已知相关书籍的名称或作者，但手上没有纸件图书时，可以利用"图书"频道找到相关图书的电子版，同时还能在该指定图书内用关键词进行全文搜索。这种在指定图书内的全文搜索功能能根据需要来进行选择性阅读，从而提高阅读效率。本节在有关半导体工艺基础知识中列举的第一本图书是由电子工业出版社出版，刘玉岭等编著的《微电子技术工程——材料、工艺与测试》。若没有纸件图书，则可以在读秀"图书"频道中输入"微电子技术工程"（图 2-31），则得到的第一篇图书信息就是所需查找的图书。在该图书后有"阅读全文"的按钮（A 栏），这种标有"阅读全文"的图书单击后都可以进行全文下载，以及在该图书范围内全文搜索。但如图 2-31 页面的第二本图书后标注的是"阅读部分"（B 栏），这表明该图书只提供部分试读，并且不能在该图书内进行全文搜索。

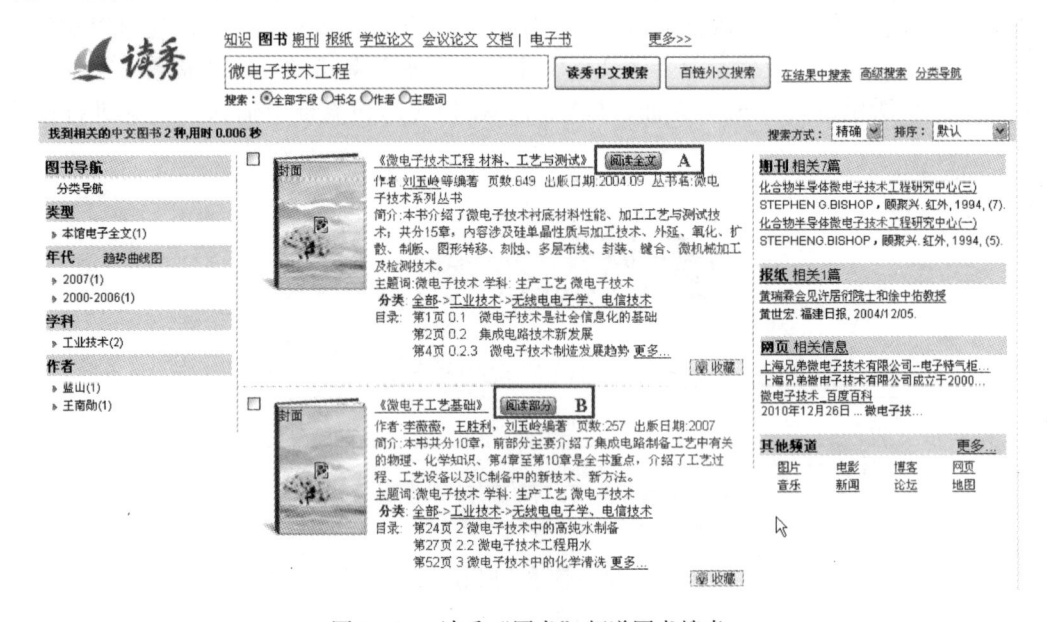

图 2-31 读秀"图书"频道图书搜索

单击图 2-31 中 A 栏"阅读全文"按钮，得到如图 2-32 所示的页面。其中 C 栏提供了打印、下载等功能，在此可实现下载或打印图书；D 栏是本书内全文搜索的搜索输入框，输入关键词"化学气相沉积"即可对书内涉及该关键词的内容单独列出，单击列出的搜索结果，就可对涉及"化学气相沉积"的内容进行选择性阅读。

（3）公知常识的读秀搜索小结

由于读秀"知识"频道是以知识点（一个词、一句话）为对象进行检索，其具备的全文检索功能以章节为基础重新整合在一起，检索结果可以深入到具体章节，以帮助使用者直接查找、阅读到相关知识点。因此，读秀"知识"频道成为公知常识检索的最有效途径。但是，由于读秀"知识"频道不具备年代时间段的限制功能，因而也给公知常识的检索带来了一定的不便。

图 2-32 读秀"图书"频道"阅读全文"页面

而"图书"频道,不仅能够下载图书,还可以在指定一本图书内进行全文搜索,利用"图书"频道可以对指定的图书进行高效率的检索与阅读。

3）读秀学术搜索在电子器件领域中的检索实例

【案例 2-19】

案例要点：当发明的改进点相对简单或者属于早期技术,且难以在专利中找到合适对比文件时,可考虑采用读秀搜索

发明名称：半导体封装装片工艺方法

检索针对的内容：

权利要求 1：一种半导体封装装片工艺方法,焊料装片时采用氮、氢混合气,其特征在于：所述的氮、氢混合气是由液氨分解而成的。

背景技术及要解决的技术问题：在半导体塑料封装软焊料装片工艺中需用氮、氢混合气来作为保护,以提高焊料装片的黏润性能,一般工业氮和氢气经过混合装置而制成混合气体。主要缺点是成本高,混合比例难控制,还必须解决运输和存储的危险性的问题,在封装工艺上,氮、氢气体必须按比例混合均匀,由于比例不稳定会给装片的性能带来波动。

技术效果：氨分解后产生的氮、氢比例固定均匀,氨气分解后氮和氢的比例为 1∶3,其保护还原性很好,芯片黏润性更高；设备简单,结构紧凑,占地面积小,能耗低,原料消耗也比较少,氨分解后直接生成氮、氢混合气,无需用专门的气混装置对氮、氢进行混合,节约了设备成本。

检索过程：

通过对于本申请技术方案的理解,发现本申请的改进点就在于用液氨分解而成的氮、氢混合气作为装片的保护气。先在 CPRS 中进行检索,但难于找到好用的专利文献。整理思路后认为该申请由于改进点相对简单,属于早期技术,在专利文件中很难有相关记载。因而审查员转到外网并在读秀"知识"频道进行检索。

关键词：氨、装片、半导体

检索结果：在检索第 1 页面的第 3 篇文件中就有相关记录"但纯氢与空气相混合有爆炸的危险,为了减小危险可采用分解氨代替"。打开该页面仔细阅读,就发现该文件公开了上述改进点,且属于现有技术。该文件为书籍《微电子焊接技术》,金德宣编,电子工业出版社,1990 年 8 月。在第 4.5.5 小节（参见第 136~137 页）公开装片工艺中,通有

还原性气体——氢,纯氢与空气相混和有爆炸的危险,为了减少危险可采用分解氨代替;分解氨作为还原性气体;常采用瓶装液态氨,……,氨发生分解。这种氢—氮混合物的爆炸危险性比纯氢小"。该书籍可作为 X 类对比文件评述权利要求 1 不具备创造性。

案例启示:

读秀可以作为常规专利检索的辅助工具;当难以在专利中找到有用文献时,可考虑采用读秀进行检索。如当发明的改进点相对简单或者属于早期技术时,可考虑进行读秀搜索,因为读秀收录的一些早期书籍(如教科书等)可能会有一些相对简单的早期技术的记载。

(案例提供人:邵　烨)

【案例 2-20】

案例要点:用于公知常识举证的读秀图书全文搜索

发明名称:电路板结构、覆晶电路和驱动电路的布线结构

检索针对的内容:

审查员在第一次审查意见通知书中有关权利要求 17 的评述中,认为"大的布线面积会带来大的散热效果是本领域的一种公知常识",并与对比文件 1 结合评述了权利要求 17 不具备创造性。但申请人在答复第一次审查意见通知书时认为"大的布线面积会带来大的散热效果"不是公知常识,并提出需要审查员举证。

审查员在读秀"知识"频道中用关键词"散热"、"PCB"、"大面积"进行检索,在第 3 页面第 3 个记录就可以看到"……PCB 上的大面积覆铜有两种作用:一是散热……",单击该记录,发现该书籍可以作为举证文件。该书籍为"《轻松跟我学 Protel 99SE 电路设计与制版》,赵广林编著,电子工业出版社,2005 年版",该书籍在第 253 页明确指出:"在通常情况下,PCB 上的大面积覆铜有两种作用:一是散热;二是用于屏蔽来减小干扰。"虽然该检索结果出现在第 3 页,但前两页的许多书籍的显示日期不能用,因而实际检索后的阅读量并不大。但如果读秀能进一步改进,使在"读秀知识"频道中能进行时间段的限定,那么将能进一步实现精确检索。

案例启示:

由于公知常识是众所周知的知识,其一般不会成为书籍的主要内容,也不会在书目简介、目录、主题词中出现。因此,只检索书目简介、目录、主题词等主要字段的非全文搜索难以有效找到举证文件。而"读秀知识"频道因其深入章节的全文检索特点,成为首推的公知常识检索途径。

(案例提供人:邵　烨)

从上述两个案例可以看出,通过"读秀"进行书籍或者其他非专利文件的检索,由于其进行的是具体到"知识点"的全文检索,因而能够快速、有效地获知该领域中的普通技术知识,尤其对于不可能在专利文件中详细描述的公知常识,通过读秀检索能起到事半功倍的效果。

但由于"读秀学术搜索"自身的检索语法不完善,全文检索时无法进行时间段限定的检索,因而在检索时缺乏适当的灵活性。这就需要审查员在检索时准确地表达关键词。

2. Google 数字图书馆

1）公知常识的 Google 图书搜索

通过 http://books.google.com 进入 Google 图书馆首页（如图 2-33 所示）。该界面是 Google 图书搜索的基本模式，在搜索输入栏内输入关键词，单击"搜索图书"键即可。

图 2-33　Google 图书搜索基本模式

但对于公知常识检索更为实用的是 Google 图书搜索的高级模式，其通过单击图 2-33 中的"高级图书搜索"（A 栏）即可进入，其界面如图 2-34 所示。

在该高级模式中，有两个功能特别适合于公知常识的检索。

首先，在检索栏（图 2-34 中 A 栏）中，通过多个搜索输入框的方式实现了关键词之间的逻辑运算，使不熟悉 Google 算符的一般人员也可进行关键词的逻辑运算。通过逻辑运算，可以实现精确搜索、大大减少检出信息量。

检索栏从上至下 4 行检索输入栏依次表示：

"包含全部字词"：输入的关键词之间逻辑"与"；

"包含完整字句"：词组搜索；

图 2-34　Google 图书搜索高级模式

"包含至少一个字词"：逻辑"或"；

"不包括字词"：逻辑"非"，表示要排除的字词。

而上述 4 行检索输入栏之间是逻辑"与"的关系。

其次，在出版日期（图 2-34 中 B 栏）输入栏可进行时间段的限定，这对于公知常识的举证来说，非常实用。

除了上述两种检索功能外,其他还包括:搜索范围、内容、语言、名称、作者、出版商、ISBN 和 ISSN 的检索。

2) Google 图书搜索在电子器件领域中的检索实例

【案例 2-21】

案例要点:用于公知常识举证的 Google 图书搜索

发明名称:电路板结构、覆晶电路和驱动电路的布线结构

检索针对的内容:

申请人在答复第一次审查意见通知书时认为"大的布线面积会带来大的散热效果"不是公知常识,并提出需要审查员举证。

在 Google 图书的高级检索界面输入相应关键词 wiring、heat、"large area"(参见图 2-34 中 A 栏),并且根据申请日(或优先权日)进行时间限定(参见图 2-34 中 B 栏),单击"Google 搜索"键即得到图 2-35 所示的检出页面,该页面把检索的关键词进行红色字体显示,这有助于对信息进行浏览并筛选。

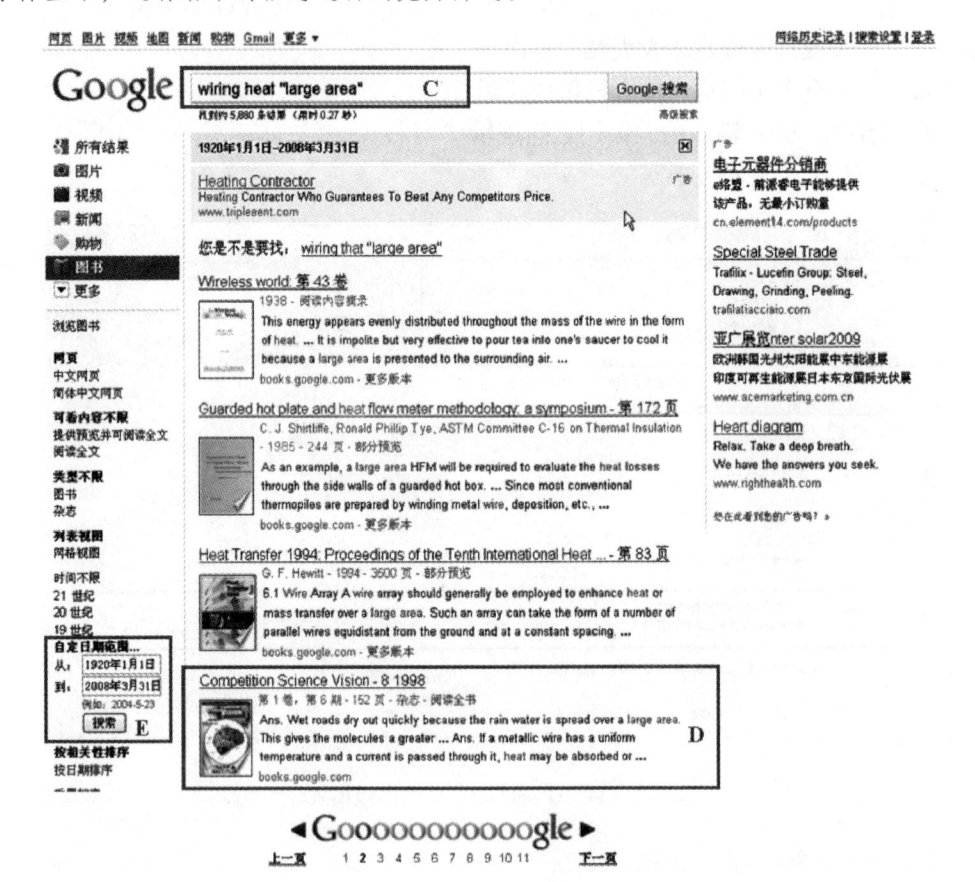

图 2-35 Google 图书搜索的结果页面

图 2-35 中 C 栏显示了输入检索式,该检索式对应于图 2-34 中 A 栏表达的关键词及其逻辑关系;图 2-35 中 E 栏是自定义日期范围,其对应于图 2-34 中 B 栏的自定义日

期。图 2-35 中 D 栏是检索输出第 2 页的一条记录，通过打开该记录，就能发现该书籍在第 303 页公开"大面积的印刷电路板会加大热扩散面积，并带来更好的散热效果"。可见，该书籍可作为上述公知常识的举证文件。该书籍出自 2003 年由 "Kluwer Academic publishers" 出版的题目为 "Interconnect technology and design for gigascale integration" 的英文图书，作者是 Jeffrey A. Davis 和 James D. Meindl，书籍的 ISBN 号为 1-4020-7606-1。

3）用 Google 图书搜索公知常识的特点

（1）由于涉及版权，Google 图书馆收录的中文书籍还很有限，因而不推荐使用 Google 图书进行中文图书的搜索；但是 Google 图书馆收藏了海量的外文图书，因而对于外文图书的搜索提供了强大的资源保证；

（2）Google 图书"高级模式"中提供了简明易用的关键词逻辑运算，同时还提供了对于公知常识举证来说至关重要的时间段限制功能，这些都能大大提高检索效率。

3. CNKI 工具书库

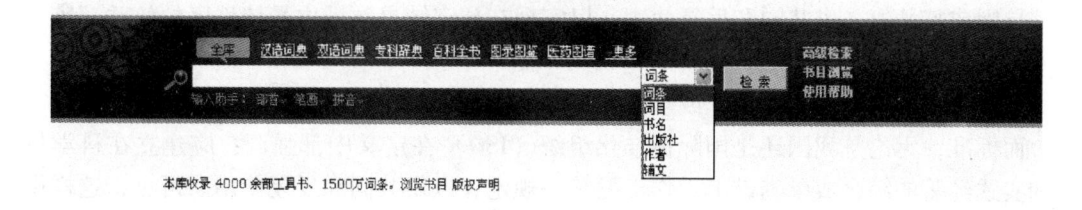

1）CNKI 工具书库简介

CNKI 工具书库集成了近 200 家知名出版社的近 4 000 余部工具书，类型包括语文词典、双语词典、专科辞典、百科全书、图录、表谱、传记、语录、手册等，约 1 500 万个条目，70 万张图片。所有条目均由专业人士撰写，内容涵盖哲学、文学艺术、社会科学、文化教育、自然科学、工程技术、医学等各个领域。

2）公知常识的 CNKI 工具书库搜索

通过网址 www.gongjushu.cn 进入 CNKI 工具书库首页，如图 2-36 所示。该界面是 CNKI 工具书库的基本检索模式，在检索输入栏内输入关键词，单击"检索"键即可。该基本检索模式支持词条、词目、书名、出版社、作者和辅文的检索，其中只有"词条"是指工具书的正文部分，在"词条"中进行检索才是适合于公知常识的全文检索。但该基本检索模式只默认输入的多个关键词是逻辑"与"的关系，而不支持其他逻辑运算。另外，该基本检索模式也没有提供时间范围限定功能。

图 2-36 CNKI 工具书库首页

单击基本检索模式上的"高级检索"，即进入高级检索页面（如图 2-37 所示）。该页面在栏 A 中提供了多个检索输入栏（可通过"+"或"-"进行增减输入栏的个数），还可以对多个输入栏设置包括"与"、"或"、"非"的逻辑运算。并且还在 B 栏给出了年代范围限定，这给公知常识的检索带来了很大的便利。

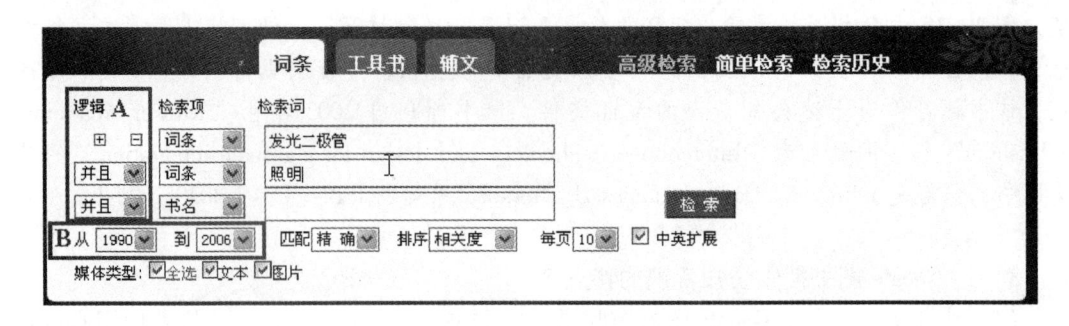

图 2-37　CNKI 工具书库高级检索页面

3）用 CNKI 工具书库搜索公知常识的特点

（1）由于 CNKI 工具书库收录的都是工具书，包括了专科辞典和百科全书等，这与《审查指南》中关于公知常识出处"教科书或者工具书"最为接近。也就是说，通过 CNKI 工具书库检索到的工具书能够作为公知常识的确凿证据。

（2）因为 CNKI 工具书库只是收录工具书，因而其收藏对象有限，收藏量不是很大，而且主要以中文图书为主，从而相对降低了公知常识的检出率。

（3）CNKI 工具书库只收录工具书，因而其收录的词条精准、权威、可信，审查中如遇到有些理解不统一的专业词语时，可以在其中进行检索，并获得可信的解释。

（4）CNKI 工具书库没有提供工具书的原书扫描件，而只是提供了书目中的文字，因而无法直接给申请人提供原书，而只能间接提供记载了相关信息的 CNKI 网页。

4. 中外标准数据库

1）标准的定义及其简介

1983 年，我国在 GB 39.5.1《标准技术基本术语》中对标准定义如下：标准是重复性事物或概念所作的统一规定，它以科学、技术和实践经验的综合成果为基础，经有关方面协商一致，由主管部门批准，以特定形式发布，作为共同遵守的准则和依据。

国际标准化组织（ISO）的标准化原理委员会（STACO）在 1991 年发布第 2 号指南《标准化与相关活动的基本术语及其定义（1991 年第 6 版）》，该《指南》给"标准"定义如下："标准是由一个公认的机构制定和批准的文件，它对活动或活动的结果规定了规则、导则或特性值，供共同和反复使用，以实现在预定结果领域内最佳秩序的效益。"❶

2）标准与公知常识

公知常识是指普通的知识，或众所周知的知识。

而标准，无论是我国还是国际标准化组织（ISO）在定义中都强调：应建立在科学技术和实践经验的综合成果基础上，作出的统一规定，以供共同和反复使用。可见，这样供共同和反复使用的统一规定对于该领域技术人员来说，是普通而熟知的技术，应该属于公知常识范畴。

另外，标准存在时间限制，每一标准都存在发布日、实施日、废止日。且发布日、实施日都会标注在标准文件上，因而可以容易地从标准文件上得到发布日，并将发布日作为

---

❶ 标准应建立在科学技术和实践经验的综合成果基础上，并以促进最佳社会效益为目的。

能让公众得知的公开日。

可见，标准是公知常识的具体体现，另外考虑到标准容易取得发布日的特性，标准数据库是公知常识检索的重要途径。

3）标准库的公知常识检索

内网通过国家知识产权局主页中"专利文献部"－"非专利数字资源门户"中提供的"万方数据资源系统—中国标准数据库"的链接进入全文检索界面；外网可通过单击万方数据库主页（http：//www.wanfangdata.com.cn）中的"标准"按钮进入中外标准的检索界面。

虽然内网的数据库名称只是"中国标准数据库"，但其中还收录了国际标准数据库，美、英、德等国家标准和某些国家的行业标准，其实质上也是包括了中外标准的数据库。

内网通过 http：//10.1.10.3:90/bzft/index_bzft.htm 进入如图 2-38 所示的页面，页面中 A 栏是逻辑运算选择栏，B 栏是字段选择列表，C 栏是检索词输入框。

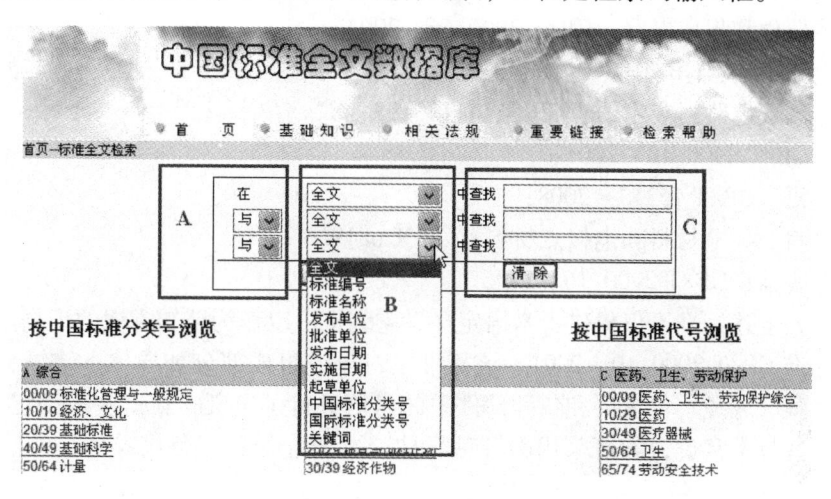

图 2-38 中国标准全文数据库首页

其中，逻辑运算选择栏 A 提供逻辑"与"、"或"、"非"的运算；可选择的字段（B 栏）包括：全文、标准编号、标准名称、发布日期、关键词等；检索词输入框 C 还提供精确匹配和模糊匹配两种方式，精确匹配需要将半角双引号（"）将检索词引起来，若没有用半角双引号（"）引起来时，进行的是"模糊匹配"。另外，日期型字段如发布日期只支持对"年份"的检索，如检索 2002 年发布标准，在选定"发布日期"字段后，检索词对应输入应为"2002"。

外网的万方中外标准数据库的检索方式与内网类似。但无论是外网还是内网的标准库检索，甚至是已经标明了"全文"检索，其也不是真正意义上的在包括标准正文部分的库中进行检索，而只是在上述 B 栏的所有字段中进行检索。

4）电子器件领域标准库检索的应用实例

标准在公知常识的检索与举证上与通过书籍的检索与举证并没有太大的区别，但鉴于标准的特殊性，其在某些方面的应用具有独特的优势。

（1）术语的标准定义。

本领域中的"术语"一般会具有确切的含义，但这些含义有时难以找到明确的出处。比如常见的术语"半导体"，相信没有人会质疑其含义，但很少有人能够真正说出半导体的电阻范围。

标准有一个特点，就是需要在各领域内的标准制定前对该领域涉及的"术语"作一个准确的定义。这就给审查员一个权威、可信的途径来查询各领域的"术语"定义。

如在图2-38的检索输入框内输入"半导体"和"术语"，就能得到一篇国家标准GB/T 14264-93，标准名称为"半导体材料术语"，其在开篇定义的第一个术语就是"半导体（semiconductor）：电阻率介于导体和绝缘体之间，其范围为 $10^{-3} \sim 10^{10} \Omega \cdot cm$ 的一种固体物质……半导体按其结构可分为3类：单晶体、多晶体和非晶体"。从中国国家标准得到的"术语"定义权威、可靠，且不会受到地域性差异的影响。

根据上述检索思路，可以得到电子器件的许多领域的术语标准。如：

半导体材料术语：GB/T 14264-93；

半导体器件和集成电路：GB/T 2900.66-2004；

集成电路术语：GB/T 9178-88；

半导体集成电路封装术语：GB/T 14113-93；

电缆：GB/T 2900.10-2001；

激光术语：GB/T 15313-2008；

电阻材料、导电材料和电接点材料：GB/T 6819.3-93；

电力电容器：GB/T 2900.16-1996。

事实上，上述标准不仅提供了术语定义，它们也可以作为公知常识的证据。如上述的电缆领域标准GB/T 2900.10-2001，该标准中对电缆组成部分如导体、绝缘、电屏蔽和接地金属屏蔽、成缆、包覆层和各种部件中的术语进行了定义，在这些术语定义的同时，也公开了一些技术常识，如可采用的各种导体（如束合导体、复绞导体、镀锡导体等），各种类型的绝缘（绕包绝缘、浸渍纸绝缘、挤包绝缘等）、电磁屏蔽、填充物等。可以说，该标准对于电缆结构的普通结构起到了举证的作用。

（2）公知常识的辅助性说理证据。

在实际审查过程中，电子器件领域的很多产品的一些设计参数难以找到被公开的现有技术，而这些参数只是一般性的设计且没有产生预料不到的技术效果，这时审查员往往只能进行空泛的说理，如类似"根据实际需要，进行常规设计"等，这些说理往往缺乏说服力，使申请人难以信服。

在电子器件领域的标准中，存在许多的产品标准和检测标准，技术人员在产品的设计阶段根据设计要求，往往可以通过标准中给出的信息，和标准给出的检测手段来设计并检验产品的各个参数。审查员可以考虑通过这些标准来进行公知常识的辅助性说理。

【案例2-22】

案例要点：用标准进行公知常识的辅助性说理

发明名称：在35kV电缆悬链式交联生产线上生产6kV机场电缆的方法

本申请需要在35kV生产线上生产6kV的电缆，由于6kV电缆与35kV电缆在导体屏蔽层、绝缘层和绝缘屏蔽层的厚度参数上不同，因而本申请通过设计参数可调的三层共挤十字机头模具来调节导体屏蔽层、绝缘层和绝缘屏蔽层的厚度，以使电缆达到6kV电缆的要求。

对比文件1、2中都已经提及生产不同规格的电缆需要更换模芯以调整挤出的导体屏蔽和/或绝缘层和/或绝缘屏蔽层的厚度。但与权利要求1相比，还存在参数特征的区别：对应6kV电缆的导体屏蔽、绝缘层和绝缘屏蔽层厚度参数的模具设计。

审查员在标准库中检索时，发现存在额定电压6～30kV电缆的标准（GB/T 12706.1-2002），上述标准中不仅公开了具有导体屏蔽、绝缘层和绝缘屏蔽层的电缆结构，还给出了在一定导体标称截面面积时对应不同额定电压的不同绝缘标称厚度参数，尤为重要的是给出了电缆额定电压的测试标准和各层参数设计时的其他参考标准。

因而审查员在公知常识的说理上引入了上述国家标准："至于导体与模芯……间隙数值则是本领域技术人员考虑到使用的材料、其他工艺的影响，为了使电缆能够承受6kV的最高工作电压而设计的导体屏蔽、绝缘层、绝缘屏蔽层的具体厚度而对应得到的。关于电缆的设计可参照国家标准GB12706的有关规定。"通过引入标准进行辅助性说理，使论述具有更强的说服力。本案通知书后视撤结案。

案例启示：
结合标准进行公知常识的辅助性说理，能避免空泛的评述，使说理更具有说服力。

（案例提供人：邵　烨）

5. 其他检索途径

1）超星数字图书馆

超星数字图书馆（www.ssreader.com）是国家"863"计划中国数字图书馆示范工程项目，包括中文电子图书100万种。超星数字图书馆也提供了图书全文检索功能，其在首页"全文"字段就能进行图书全文搜索。

由于超星数字图书馆后台数据库使用的是"读秀DSR知识库"，因而超星与读秀在资源上存在着很大的关联。另外，超星数字图书馆在检索上也与其他数据库类似，在此不再详细介绍。

2）维基百科

维基百科（wikipedia）是一个免费、内容开放、并包括人类所有知识领域的网络百科全书，并且具有各种语言甚至是方言的维基百科语言版本，如中文、英文、方言如吴语、闽南语等。截至2011年3月9日为止，其收录了34万条中文条目，357万条英文条目。

维基百科中文版的网址：www.zh.wikipedia.org

英文版的网址：www.en.wikipedia.org

如在其中文首页输入"发光二极管"进行检索，其输出页面图文并茂，不仅给出了发光二极管的定义，还具体以目录的形式具体介绍了优点、缺点、发光二极管技术、LED的实用、LED应用、参见、参考文献、参看和外部链接几个部分。上述介绍内容完整充实，能基本满足检索者的认知需求。

但是，维基百科对于各条目经常进行更新，其在页面上给出的最后修订日期都比较新，一般难以满足公知常识举证的时间要求。因而，维基百科只能作为了解基础知识以及相关知识点的便捷渠道。

3）百度百科

百度百科是百度公司推出的一部内容开放、自由的网络百科全书，其旨在创造一个涵盖各领域知识的中文信息收集平台。网址为：www.baike.baidu.com。

百度百科所含内容的基础分隔单位是词条。一个词条由以下若干部分组成：百科名片（分为词条概述和基本信息栏）、词条正文、参考资料、相关词条、开放分类、扩展阅读。通过上述部分，对词条进行了内容丰富的解释与扩展。同时，百度百科也引入了权威认证词条的机制，通过专业机构对词条进行专业认证的方式，以保证词条内容的权威信，给用户提供高质量的专业解释和服务。

百度百科作为一部网络百科全书，可以作为了解基础知识的快捷途径。但是由于其提供的词条解释没有公开的时间信息，因而难以作为公知常识的举证证据，但仍然可以利用它作为说理的依据。下面为一个利用"百度百科"给出名词定义的案例。

【案例 2 - 23】

案例要点：利用"百度百科"进行辅助说理

发明名称：光敏微机电系统结构

申请人在意见陈述中主要认为：梁如果没有通过铰链连接到锚，则梁是不可能旋转的，因此不能认为对比文件 1 和对比文件 2 中梁可以以锚为支点，旋转离开基底平面。

面对上述申请人的意见陈述，审查员首先利用"百度百科"给出了关于"旋转"的定义："在平面内，把一个图形绕着某一点 O 旋转一个角度的图形变换叫做旋转，点 O 叫做旋转中心，旋转的角叫做旋转角。"然后，审查员分析：对比文件 1 和对比文件 2 中，采用的是一端固支的可动梁结构设计，其中梁结构均能以固支锚为支点，在一个平面内可动地离开或靠近基底，可动梁结构的这种运动方式符合旋转的定义；只是相对于本申请中以铰链连接锚区的可动梁结构，对比文件 1 和对比文件 2 中的可动梁结构的旋转角度比较小。

案例启示：

当与申请人在一些术语或知识点的理解和定义上有差异时，可以考虑通过类似于百科全书的网络工具"维基百科"或"百度百科/百度知道"进行搜索与参考。

（案例提供人：李　明）

6. 小结

鉴于可参考的纸质教科书/工具书的局限性，本节主要介绍了公知常识检索的几种常用电子途径。通过读秀、Google 图书、CNKI 工具书库、超星数字图书馆、标准、维基百科、百度百科的介绍，扩展了电子器件领域公知常识的检索覆盖面，并加强了公知常识的认定和举证手段。下面将通过表 2 - 3 对图书全文检索的各工具进行综合对比。

从表 2 - 3 的对比可以看出，从数据库容量、检索的难易度以及人性化浏览方面综合考虑，在中文图书的全文搜索上，读秀"知识"频道最为全面；在外文图书的搜索上，"Google 图书"更为合适。

最后给出公知常识检索的推荐意见：

中文图书的检索，首推"读秀知识"；外文图书的检索，只能推荐"Google 图书"搜索；"专业术语"的检索，首先考虑"CNKI 工具书库"和标准库的检索；若涉及更具体的应用领域，需要考虑标准库的检索。

若只是进行基础知识和一般词语的理解，应选择更为便捷的"百度百科"或"维基百科"。

表 2-3　图书全文搜索工具的比较

	读秀"知识"	Google 数字图书馆	CNKI 工具书馆	超星数字图书馆
容量	315 万种中文图书、10 亿页全文资料	1 000 万册图书	4 000 余部工具书、1 500 万个条目	100 万册图书、4 亿余页面
全文搜索	√	√	√	√
关键词运算	与、非、词组搜索	与、非、或、词组搜索	与、或、非	与、或、非
出版日限定	只能限定到某一年	可以限定具体到月的时间段	可以限定具体到年的时间段	可以限定具体到年的时间段
二次检索	√	×	×	×
相关页预览	√	√	×	√
高亮显示	√	√	√	√
其他	以中文图书为主	以外文图书为主	工具书、百科全书	

第三章　电子器件领域最低检索策略

一、普通类型申请检索策略

本节涉及电子器件领域普通类型申请的检索策略，主要内容包括：检索前的准备、获取检索有用信息的途径、检索和补充检索4个部分。

（一）检索前的准备

检索前的准备通常包括以下3个方面内容：确定检索依据的文本、阅读申请文件并理解发明和核查分类号。

1. 确定检索依据的文本

检索依据的文本，通常与专利审查依据的文本相同。但当审查依据的文本存在修改超范围缺陷时，检索依据的文本和审查依据的文本不同，其依据的文本必须符合《专利法》第33条的相关规定。

2. 阅读申请文件并理解发明

基本检索要素的确立，依赖于审查员对发明的理解。因此，在检索前，审查员应当仔细阅读和分析申请文件的权利要求书、说明书和说明书附图，完整地理解该申请请求保护的技术方案。审查员在表达基本检索要素时，应当结合说明书、尤其是结合说明书的具体实施方式和说明书附图部分。下面结合案例3-1进一步说明。

【案例3-1】

案例要点：检索要素选择

发明名称：完全金属硅化栅极与无金属硅化电阻与其制备方法

检索针对的内容：

一种完全金属硅化栅极与无金属硅化电阻的制备方法，其特征在于，该方法包括：以半导体材料形成至少一栅极与一电阻，其中该栅极厚度大于500埃；形成第一介电层以覆盖该电阻；进行第一金属硅化制程，至少金属硅化部分该栅极且不金属硅化该电阻；形成第二介电层以覆盖该电阻；进行第二金属硅化制程，以完全金属硅化该栅极（如图3-1所示）。

检索过程：

检索针对内容的技术方案与最接近现有技术的区别在于：栅极厚度大于500埃，形成第二介电层覆盖电阻，进行第二金属硅化以完全金属硅化栅极。

根据上述区别技术特征，确定以下检索词：

栅（gate?），电阻（resistor?），完全硅化（full? silicidi+，FUSI）

在 CPRS 和 EPOQUE 系统未检索出任何相关文献。审查员对检索针对内容进行思考：申请人为什么要对比较厚的栅极实行两步硅化？常规的比较厚的栅极完全可以一步硅化。通过仔细阅读说明书以及相关附图，发现两步硅化的作用是在第二次硅化之前，将源漏极

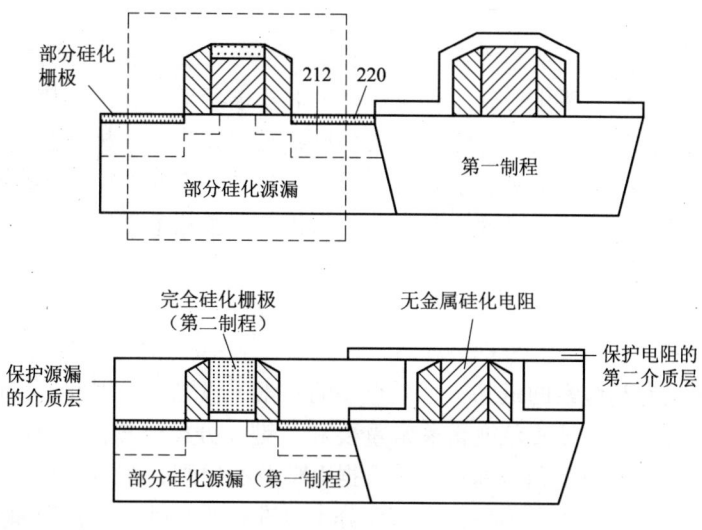

图 3-1 检索针对内容的制程剖面图

覆盖,从而避免源漏极被过分硅化。于是,根据说明书内容重新确定基本检索要素:完全硅化,栅,源(漏)。在 Google Patents 中进行以下检索:

fully silicidied gate source

检索结果首页检索到一篇公开上述区别技术特征的相关文献 US6562718B1。该文献公开了以下技术内容:栅电极 13,其厚度在 1 000~2 000 埃,采用金属镍硅化源漏区域 30、部分硅化栅极 31,采用屏蔽层 50 覆盖源漏区域 30 和栅极 31,蚀刻仅露出栅极 31,采用金属进行再次对栅极硅化,使得栅极 31 完全硅化,用于提高栅极导电性从而提高器件性能的同时,避免源漏过分硅化从而产生漏电、短路问题(如图 3-2 所示)。

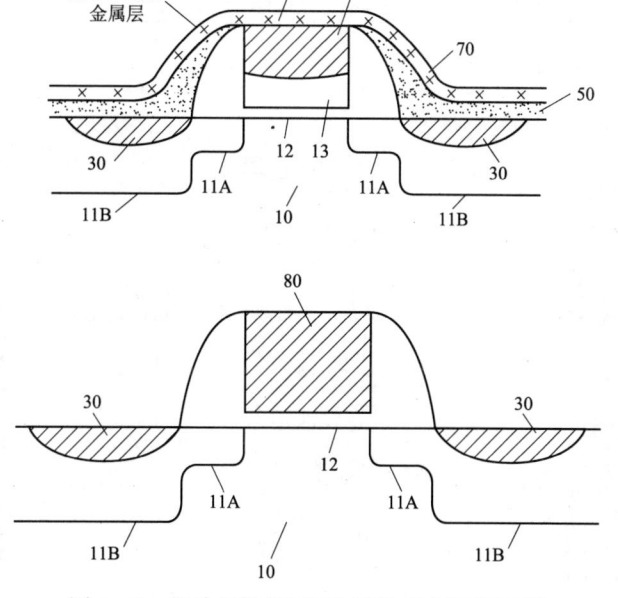

图 3-2 相关文献 US6562718B1 的制程剖面图

案例启示：

本案例说明充分理解发明的重要性，权利要求中的特征往往与说明书中记载的技术方案息息相关。在分析权利要求时，不仅应针对权利要求所记载的技术特征进行检索，在采用权利要求技术特征检索未获得合适对比文件时，更应该认真分析说明书中记载的相关内容，以寻找更好的突破口。此外，在"第一金属硅化制程"、"第二金属硅化制程"这样的术语不好表达时，应从产生多次金属硅化的原因来调整检索思路。

（案例提供人：马志勇）

3. 分类号核查

分类号检索是专利检索的最基本、最重要的检索手段之一，因此，在检索之前，对申请文件的专利分类号进行核查就变得非常重要和关键。分类号核查主要分为两部分内容：第一，在正确理解申请的主题的基础上，根据 IPC 分类原则，核对专利申请公开文本中给出的分类号是否正确、全面；第二，在 IPC 分类号准确的基础上，查询和关注是否有更加相关、贴近检索主题的细化 EC、FI/F-term、UC 等分类号。

分类号核查可通过以下途径进行：

（1）查看同族专利分类号信息。如图 3-3 所示，S 系统给出了本申请及其同族专利的各种分类号信息，具体操作为：单击 S 系统检索准备中的"本申请在各数据库中收录的信息对比"右侧的"查看详细"便可查询得到。如果希望得到更加详细的信息，可单击图 3-3 中的"本申请有 9 条同族信息"右侧的"查看详细"进行查看。

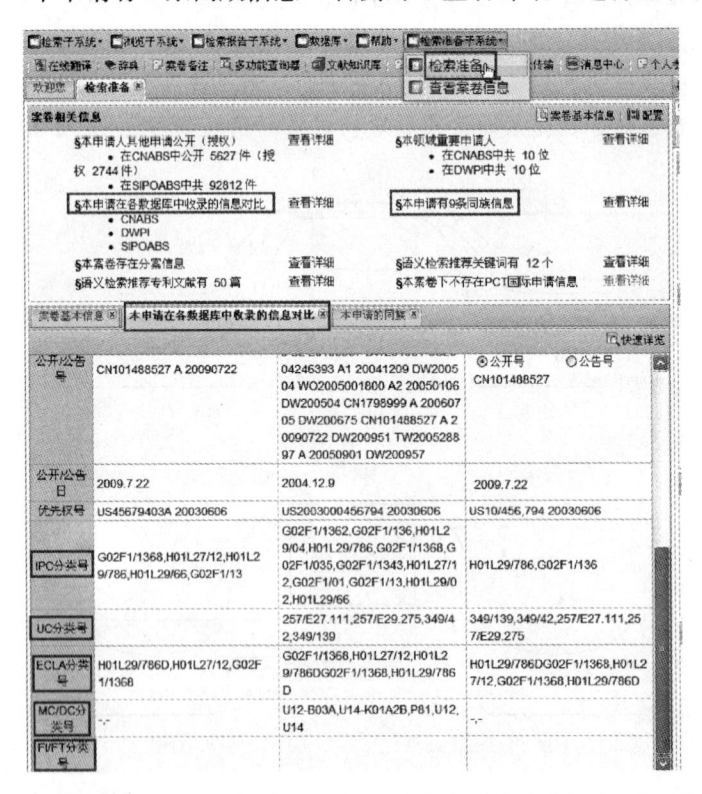

图 3-3 S 系统"检索准备"中给出的本专利申请及其同族专利的各种分类信息

（2）在 S 系统、EPOQUE 或 CPRS 中采用准确的关键词进行简单检索，利用检索系统的统计功能来获取更加相关、准确的分类信息。

（3）翻阅分类表，或利用分类表的分类号或关键词检索功能来获取分类信息。S 系统的多功能查询器提供了各种分类号的便捷查询途径，如图 3-4 所示。其中分类号基本查询提供了基于某一分类体系的分类号查询途径，如 IPC8、IPC7、UC、ECLA、DC、MC、FI 和 F-term。查询方式可以为分类号、分类号含义（中）和分类号含义（英）。分类号关联则提供了某一分类体系的待查询分类号对应的其他分类体系的分类号。例如，分类号体系选择 IPC8，输入 H01L29/786，便会相应给出对应的 ECLA、DC、UC 和 FI 分类号。下面将结合案例对分类号核查作进一步说明。

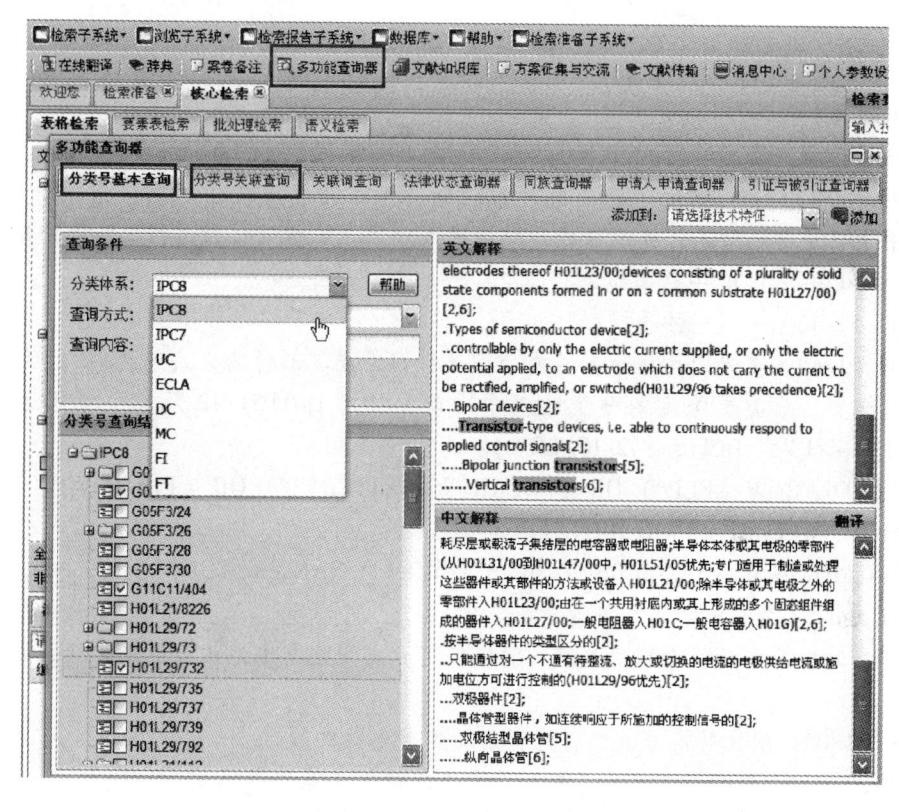

图 3-4　S 系统"多功能查询器"的分类号查询功能

【案例 3-2】

案例要点：分类号扩展

发明名称：一种有机太阳电池的结构及其该结构制备的有机太阳电池

IPC 分类号：H01L51/42、H01L51/48

检索针对的内容：

一种有机太阳电池的结构，至少包括在基板上制备的正极、负极和光伏特性的有机物层，其特征在于，在正极和光伏特性的有机物层之间有定向碳纳米管阵列构成的空穴传输层（如图 3-5 所示）。

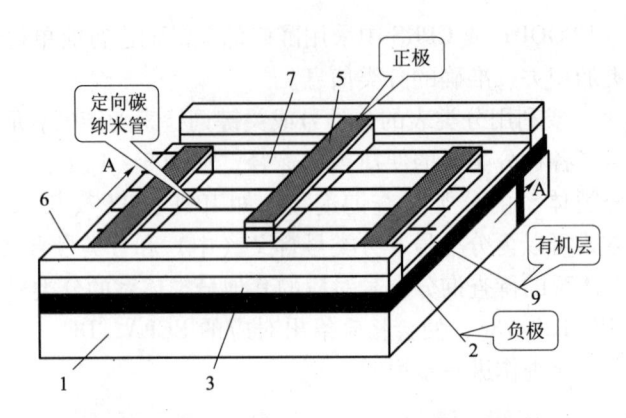

图 3-5 本申请太阳能电池结构示意图

检索过程：

首先，对本申请所给出的 IPC 分类号进行核实：

H01L 51/42·专门适用于感应红外线辐射、光、较短波长的电磁辐射或微粒辐射；专门适用于将这些辐射能转换为电能，或者适用于通过这样的辐射进行电能的控制

H01L 51/44··器件的零部件

H01L 51/46··材料的选择

H01L 51/48··专门适用于制造或处理这种器件或其部件的方法或设备

经过核实，分类员给定的分类号基本准确，针对 H01L51/42 及其下位组进行检索（H01L51/4＋/IC 或 H01L51/42/IC/LOW）：

1 （SOLAR W CELL?）OR（SOLAR W BATTER???）OR（PHOTOVOLT＋）OR（PHOTO W VOLT＋）OR H01L51/4＋/IC

2 （CARBON W NANOTUBE?）OR（CARBON W NANO W TUBE?）

3 1 and 2（没有检索到相关的对比文件）

根据平时的检索经验或利用关键词简单统计，发现太阳电池的分类还涉及以下 3 个分类号：

H01L31/04，用作转换器件的将光辐射转换为电能的器件

H01L31/042，包括光电池板或阵列如太阳电池板或阵列的

H01L27/30，采用有机材料作为有源部分的将光辐射转换为电能的器件

扩展分类号检索：

1 /IPC H01L31/04 OR H01L31/042 OR H01L27/30

2 （CARBON W NANOTUBE?）OR（CARBON W NANO W TUBE?）

3 4 and 5（获得对比文件 JP 特开 2004-165474A）

案例启示：

半导体领域 IPC 分类号的技术内容存在交叉，检索时要注意进行扩展，尤其是制备方法分类与对应产品分类的扩展，功能分类与应用分类的扩展。例如，有机发光二极管（OLED）涉及 H01L51/、H01L27/和 H05B33/等多个分类号；又如，半导体封装不仅涉及 H01L23/（封装产品，功能分类）和 H01L21/48～21/607（封装方法，功能分类），还会在该封装所涉及的具体器件分类（应用分类）中出现，如：H01L31/0203（封装，红外辐

射器件）；再如，半导体零部件涉及普通分类 H01L23/（零部件）和 H01L25/（组装件），还会涉及具体器件的分类号，如：H01L31/02（零部件，红外辐射器件）、H01L41/02（零部件，压电器件）、H01L43/02（零部件、磁效应器件）和 H01L51/10（零部件、使用有机材料作为有源部分的固态器件）。

（案例提供人：王小东）

（二）获取检索有用信息的途径

获取检索有用信息主要有以下途径：① 查看同族专利的检索及审查情况；② 查看说明书提及的背景技术文件；③ 检索发明人/申请人的系列申请情况；④ 通过对部分独立权利要求的简单检索，进一步获取相关的分类信息和关键词信息；⑤ 查阅 S 系统语义检索结果及其推荐的关键词。

1. 查看同族专利的检索及审查情况

专利申请中有相当部分申请存在就同一内容在其他国家提交的同族专利申请。对于有外国同族的专利申请，为了提高审查效率和审查准确度，审查员需要借鉴他局的检索结果、检索策略、审查过程和审查结果。下面对专利同族的检索和专利同族的审查信息借鉴作进一步说明。

1）专利同族的检索

专利同族的检索通常通过 EPOQUE 和 S 系统来完成。

（1）EPOQUE 系统

EPOQUE 系统专利同族检索有两条途径：第一，基于 EPODOC 数据库的同族检索，具体通过 Fami/Refi 窗口或..fami 命令进行检索；第二，基于 WPI 数据库的同族检索，具体通过公开号检索查看。由于 EPODOC 和 WPI 数据库收录的数据存在差异性，通过上述方法检索得到的同族并不完全相同，比如部分台湾地区申请同族和韩国申请同族有时仅能通过第二种方式检索得到。因此，专利同族查询最好通过上述两种途径结合进行检索。

（2）S 系统

S 系统专利同族检索可通过多功能查询器中的同族查询器进行，如图 3-6 所示。S 系

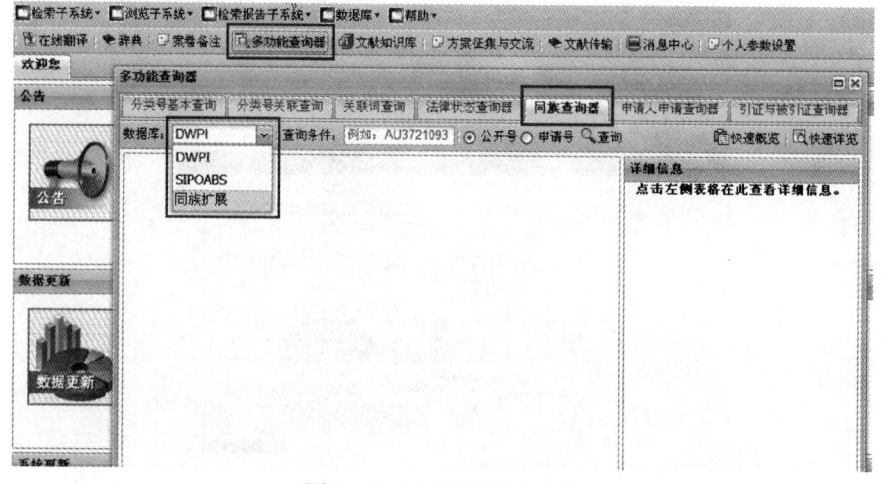

图 3-6　S 系统同族查询器

统专利同族查询提供了 DWPI、SIPOABS 和同族扩展 3 种查询模式，查询条件可基于申请号或公开号进行。

2）专利同族的审查信息借鉴

专利同族的审查信息借鉴主要通过访问 JPO、EPO、USPTO、KIPO 和 WIPO 等官方网站，查询日本申请、欧洲申请、美国申请、韩国申请和 PCT 申请的检索报告和审查意见。

（1）日本申请审查信息借鉴

日本申请审查信息查询网址主要有两个：英文版网址（仅国家知识产权局 IP 地址可进行访问）和日文版网址（无 IP 限制，对公众开放）。

英文版网址为：

http://aipn.ipdl.inpit.go.jp/AI2/cgi-bin/AIPNSEARCH

如图 3-7 所示，选择输入文献的类型"Type"，输入查询的文献号码"Document Number"便可进行检索。

其中可检索的日本专利文献类型见表 3-1。

表 3-1 日本专利文献类型中英文对照表

英　　文	中　　文
Patent Application/Priority Number	发明专利申请号/优先权号
Utility Model Patent Application/Priority Number	实用新型申请号/优先权号
A：Unexamined Patent Publication	未审查发明专利公开号
B：Examined Patent Publication	已审查发明专利公开号
B：Granted Patent Publication	已授权发明专利公开号
U：Unexamined Utility Model Publication	未审查实用新型公开号
Y：Examined Utility Model Publication	已审查实用新型公开号
U：Registered Utility Model Publication	已登记实用新型公开号
Y：Granted Utility Model Publication	已授权实用新型公开号
A：Unexamined Patent Publication based on Int'l Application	基于国际申请的未审查发明专利公开号
A1：Domestic Re-publication of Int'l Application	基于国际申请的本国再公开号

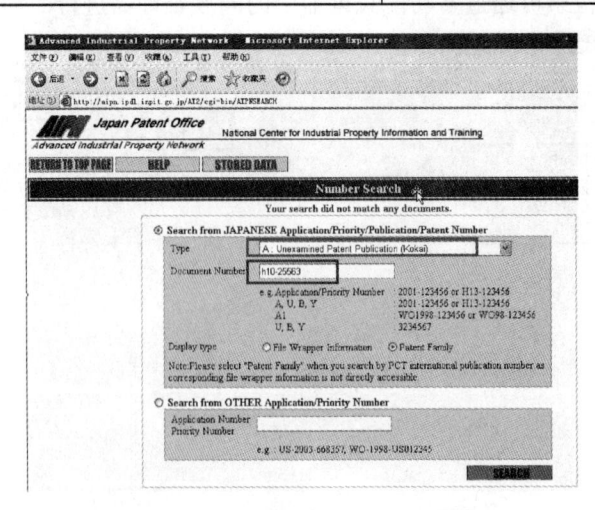

图 3-7 JPO 英文版审查信息查询界面

文献号码输入格式如下：

1999 年以前，用 2 位数字的日本纪年，2000 年以后，用 4 位数字的公元纪年；例如，检索 1997 年的 123456 号公布的专利申请，输入"H09 – 123456"；

日本纪年与公元年的换算：平成纪年（H），平成年 + 1988；昭和纪年（S），昭和年 + 1925。

在图 3 – 7 中输入指定格式的文献号码，单击"search"，便进入浏览界面，如图 3 – 8 所示。

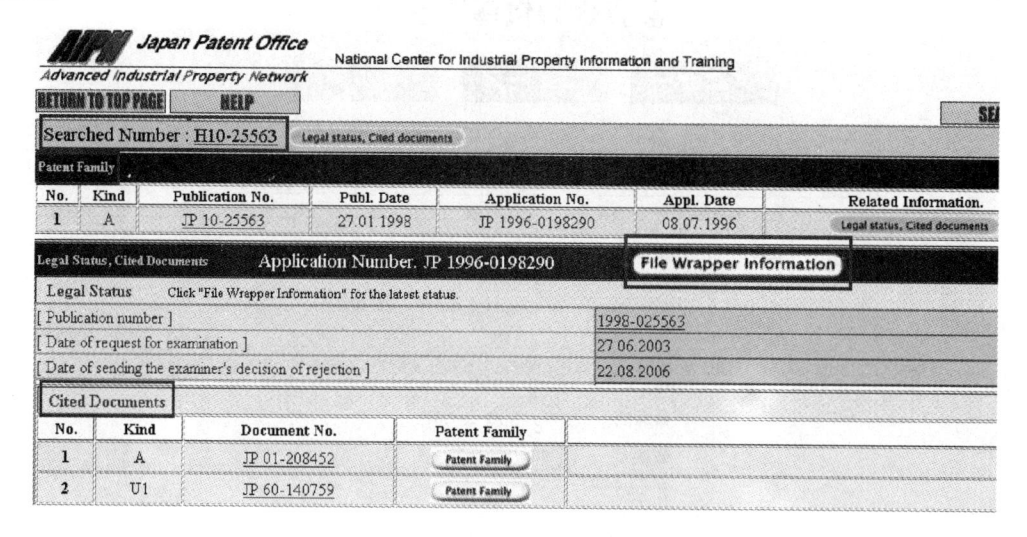

图 3 – 8　JPO 英文版审查信息显示界面

图 3 – 8 方框标示的区域分别为："Searched Number"，单击该序列号号码便可进入该篇文献的英文翻译界面；"Patent Family"，显示了该申请的同族信息；"Cited Documents"，显示了引用文献信息；"File Wrapper Information"，单击便进入审查过程查阅界面（如图 3 – 9 所示）。该界面给出了该案的详细审查过程，如"Search Report by Registered

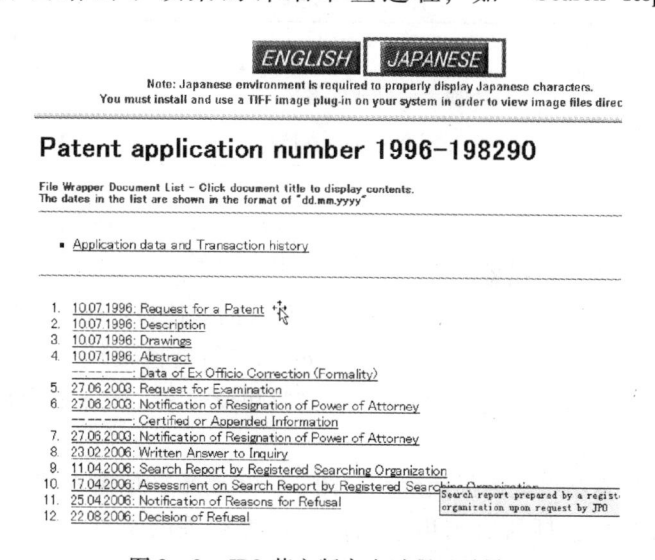

图 3 – 9　JPO 英文版审查过程显示界面

Searching Organization（检索报告）"给出了包括检索分类号、检索关键词、检索文献等详细的检索内容。

日文版检索网址为：

http：//www.ipdl.inpit.go.jp/Tokujitu/pfwj.ipdl? N0000 = 118

查询界面如图3-10所示，文献号码输入规则与英文版界面相同，输入文献号码后，单击"照会"按钮便进入日本版审查意见显示界面。

图3-10 JPO日文版审查信息查询界面

JPO和我国（SIPO）审查相关的主要法律条款对照表3-2。

表3-2 JPO和我国（SIPO）主要专利法律条款对照表

JPO法条	含义	SIPO对应法条
第29条	新颖性和创造性	A22.2和A22.3
第32条	不授予专利权的客体	A25和A5
第36条	公开不充分和不支持	A26.3和A26.4
第38条	单一性	A31.1

（2）欧洲申请审查信息借鉴

欧洲专利局申请审查信息查询系统Register Plus的网址为：https：//register.epo.org。

如图3-11所示，检索界面分为"Smart Search（智能检索）"、"Quick Search（快速检索）"和"Advanced Search（高级检索）"。选择快速检索，输入公开号或申请号，便可进行检索。

进入审查信息检索结果显示界面后，如图3-12所示，单击左侧显示类别中的"All Documents"，便可获得包括所有与申请和审查过程有关的文件，如检索报告、审查意见等。

图 3-11　EPO 审查信息查询界面

图 3-12　EPO 审查信息显示界面

表 3-3 是 EPO 审查过程的几个与检索和审查比较相关的字段描述。

表 3-3　EPO 审查信息字段释义

审查过程字段内容	释　　义
Priority document	优先权文本
Claims	权利要求，包括原始的和修改的
Description	说明书，包括原始的和修改的
Copy of the international search report	国际检索报告
Copy of the international preliminary examination report	国际初步审查报告

续表

审查过程字段内容	释义
European search report	欧洲专利局检索报告
European search opinion	欧洲专利局检索的初步意见
Supplementary European search report	欧洲专利局补充检索报告
Interoffice memo	欧洲专利局审查员检索过程
Annex to the communication	审查意见通知书正文
Reply to communication from the Examining Division	申请人的意见陈述
Decision to refuse the application Grounds for the decision	驳回决定 驳回决定正文
Decision to grant a European patent	授权决定

其中 Interoffice memo 文件为欧洲专利局审查员的检索过程,但是有检索过程的情况比较少,European search report 包括欧洲专利局审查员检索到的相关文献,European search opinion 是根据检索报告中给出的相关文献的初步的审查意见,Supplementary European search report 是针对一些 PCT 国际检索报告给出的欧洲专利局补充检索报告,其给出的文献要比 PCT 国际检索报告的文献更相关,Annex to the communication 是欧洲专利局的审查意见通知书正文,这些文件都可以通过选择后下载供审查员合理借鉴。

欧洲专利局审查过程涉及的主要法条、含义,以及我国(SIPO)对应法条见表 3-4。

表 3-4 EPO 与我国(SIPO)主要专利法律条款对照表

EPO 法条	含 义	SIPO 对应法条
Art52(1)	可授权的发明应具有实用性、新颖性和创造性	A22.1
Art52(2)	不授予专利权的客体	A25
Art52(4)	外科手术和疾病治疗与诊断方法(不具有实用性)	A25、A22.4
Art53	违反公共秩序或道德以及植物、动物品种或者主要是用生物学方法生产植物或动物的方法	A25、A22.4
Art54(1)	新颖性	A22.2
Art54(2)	现有技术定义	A22.5
Art54(3)	抵触申请定义	A22.2
Art56	创造性	A22.3
Art57	实用性	A22.4
Art82	单一性	A31.1
Art83	公开不充分	A26.3
Art84	不支持,不清楚,不简要	A26.4

(3) 美国申请审查信息借鉴

美国专利局申请审查信息查询系统的网址为：http://portal.uspto.gov/external/portal/pair。

登录上述网址后，输入认证码，便进入如图 3-13 所示的美国专利查询界面。其中申请号（Application Number）和 PCT 号码（PCT Number）的输入格式如图 3-13 方框所示；公开号（Publication Number）的输入格式为"20041234567"，若 4 位公元纪年之后的数字不足 7 位，在 4 位公元纪年之后补零，如 20040123456；专利号（Patent Number）的输入格式为"1234567"。

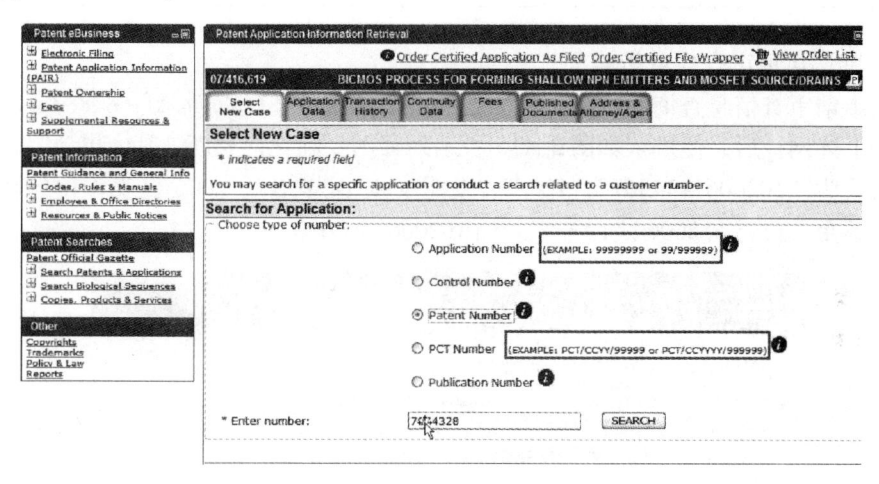

图 3-13 USPTO 审查信息查询界面

进入审查信息检索结果显示界面后（如图 3-14 所示），单击最上面菜单栏的"Image File Wrapper"，便可获得包括所有与申请和审查过程有关的文件，如检索报告、审查意见等。

图 3-14 USPTO 审查信息显示界面

美国专利局审查过程涉及的主要法条、含义，以及我局对应法条如表 3-5 所示。

表 3-5 USPTO 和我国（SIPO）专利法主要法律条款对照表

USPTO 法条	含 义	SIPO 对应法条
35 U.S.C 101	发明的定义	A2.1
35 U.S.C 102	新颖性	A22.2
35 U.S.C 103	非显而易见性	A22.3
35 U.S.C 112	公开不充分、不支持、不清楚和不简要	A26.3、A26.4
35 U.S.C 121	单一性	A31.1

(4) 韩国申请审查信息借鉴

韩国申请审查信息查询系统的网址为：http：//KIPOsd.kipo.go.kr：8088/up/kpion。

登录上述网址后，便进入如图 3-15 所示的韩国专利查询界面。其中申请号和公开号的查询格式为"1020061234567"，10 代表发明（新型为 20），2006 代表 4 位的年份，之后的数字不足 7 位时在 2006 之后补零，如 1020060080660。

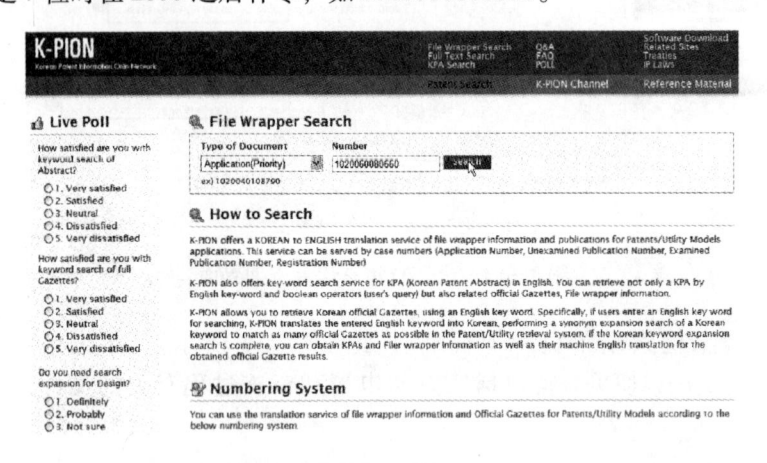

图 3-15 KIPO 审查信息查询界面

进入审查信息检索结果显示界面后（如图 3-16 所示），单击上面菜单栏的"Transaction History"，便可获得包括所有与申请和审查过程有关的文件，如检索报告、审

图 3-16 KIPO 审查信息显示界面

查意见等。

韩国专利局审查过程涉及的主要法条、含义，以及我局对应法条如表 3-6 所示。

表 3-6　KIPO 和我国（SIPO）专利法主要法律条款对照表

KIPO 法条	含　义	SIPO 对应法条
Art 29	新颖性和创造性	A22.2 和 A22.3
Art 32	不授予专利权的客体	A5
Art 36	先申请制	A9
Art 42（3）	公开不充分	A26.3
Art 42（4）	不支持，不清楚，不简要	A26.4

（5）PCT 申请审查信息借鉴

PCT 申请审查信息查询系统的网址为：

http：//www.wipo.int/pctdb/en/

登录上述网址后，便进入如图 3-17 所示的 PCT 专利查询界面。鼠标单击图中方框标示的空白输入框，便可在输入框右侧显示输入格式，如单击"Publication Number"右侧空白输入框，便会显示"e.g. 02/00157 OR 2002/00158 OR WO200200159"，按照提示格式输入号码便可进行检索。

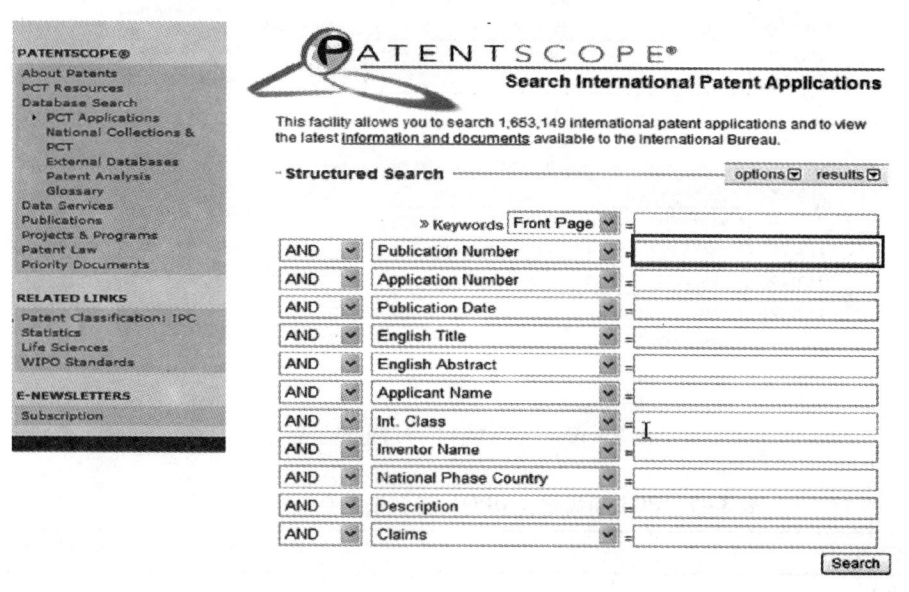

图 3-17　PCT 审查信息查询界面

检索结果界面如图 3-18 所示，单击图中方框标示的标题便可进入到 PCT 申请的详细审查信息显示界面。单击菜单栏的"Documents"，便可显示以下审查信息：图中方框自上至下依次给出国际公开文本、国际检索单位的书面意见、专利性国际初步审查报告和优先权文件等相关信息（如图 3-19 所示）。

PCT 申请国际检索报告和初审过程中涉及的主要法条、含义，以及我国对应法条如表 3-7 所示。

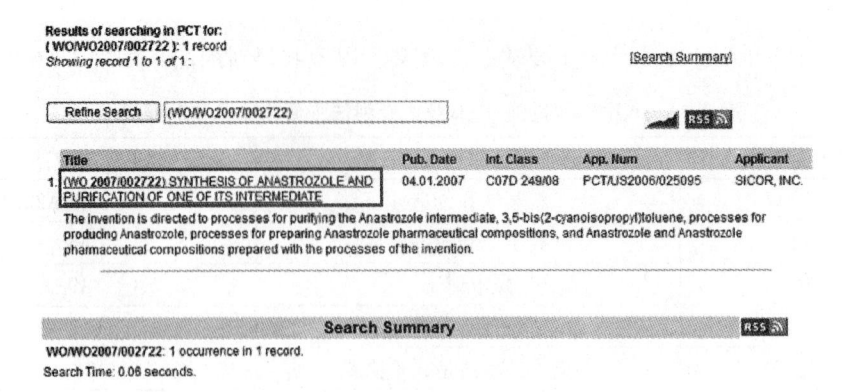

图 3-18　PCT 审查信息检索结果界面

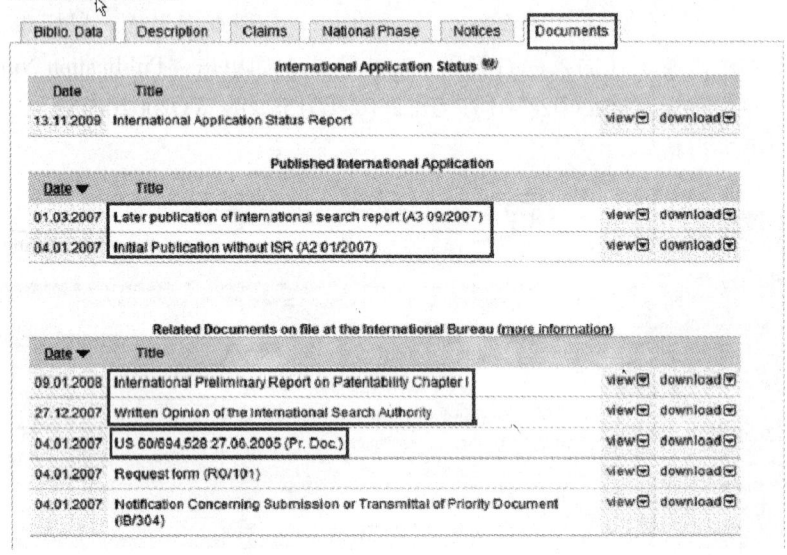

图 3-19　PCT 详细审查信息显示界面

表 3-7　PCT 和我国（SIPO）专利法主要法律条款对照表

PCT 法条	含　义	SIPO 对应法条
条约 33（2）	新颖性	A22.2
条约 33（3）	创造性	A22.3
条约 33（4）	工业实用性（实用性）	A22.4
条约 5	说明书公开充分、能实施	A26.3
条约 6	权利要求清楚、简要、得到说明书的支持	A26.4
细则 13.1	单一性	A31.1
条约 8	优先权	A30
细则 33.1 和 64.1	现有技术定义	A22.5

2. 查看说明书提及的背景技术文件

说明书背景技术部分引用的文献不仅有助于理解发明,而且还提供了比较丰富的检索信息,如分类号和关键词信息等,检索者应仔细查阅。其中对于与发明所要解决的技术问题密切相关的背景技术文件,检索者应进行引用文件/被引用文件的追踪检索;当密切相关的背景技术文件为专利文献时,必要时还应查看该专利文献及其同族的审查过程。

部分背景技术文件可作为影响本申请技术方案新颖性/创造性的对比文件,检索者应特别注意:(1)背景技术文件公开了除本申请对现有技术贡献的技术特征之外的大部分技术特征,可作为评价该权利要求的最接近现有技术文献;(2)对于撰写较为宽泛的权利要求或未写入对现有技术贡献的技术特征的权利要求,背景技术文件可作为影响该权利要求新颖性的 X 类文献。下面结合案例 3-3 进一步说明。

【案例 3-3】

案例要点:重视背景技术文献
发明名称:一种双硅纳米线围栅场效应晶体管及其制备方法
检索针对的内容:

一种双硅纳米线围栅场效应晶体管,基于体硅衬底,沟道是完全相同的剖面结构为圆形的双硅纳米线,双硅纳米线被栅氧和多晶硅栅围绕,形成围栅结构,源和漏都与体硅衬底相连,其特征在于:在沟道的正下方和体硅衬底之间有一层厚的二氧化硅绝缘层,形成沟道在绝缘层上的结构。

检索过程:

审查员通过仔细阅读本申请背景技术部分给出的现有技术文件,发现背景技术文献 2 公开了除特征部分技术特征"厚的二氧化硅绝缘层"之外的所有技术特征,结合另一篇对比文件 2 评价了该权利要求的创造性。

(案例提供人:马志勇)

3. 检索系列申请

申请人/发明人常常针对某一技术申请一系列的专利,这些专利之间具有相似性和继承性,在检索上彼此间也具有共性和参考价值,审查员应通过申请人/发明人入口对其进行检索。

系列申请的检索应注意以下事项:(1)通过与本申请密切相关的系列申请,获取更加准确的检索分类号和关键词信息;(2)是否存在可作为对比文件使用的系列申请,如作为评价创造性的最接近现有技术,或评价从属权利要求附加技术特征的对比文件等;(3)与本申请对现有技术贡献相同或相似的系列申请,通常在申请时间上与本申请较为接近,不能直接作为对比文件使用,应查看该系列申请及其同族的检索报告和审查过程,寻找是否存在可用的对比文件。下面结合案例 3-4 进一步说明。

【案例 3-4】

案例要点:重视系列申请检索
发明名称:铌基超导体的制造方法
申请人:合成材料技术公司

发明人：J. 翁

检索针对的内容：

一种制造 Nb_3Sn 超导体的方法，包括以下步骤：在展性金属的坯段中放置多个铌部件……

检索过程：

首先在 CPRS 数据库对申请人和发明人进行了检索，未检索到相关文献，检索式如下（检索式 1 和检索式 2 分别与检索式 3 进行"与"运算）：

1　　99　　F PA 合成材料
2　　347　 F IN J·翁
3　　7058　F KW Nb + 铌

审查员进一步利用关键词"铌 * 超导"在 CPRS 检索到一篇同一申请人和发明人的系列申请 CN1358237A。两份申请文件的附图（图 1～图 10）完全相同，检索到的系列申请公开时间晚于本申请的申请日，不能作为对比文件。审查员进行了同族查询检索，发现其同族 WO00/63456A2 公开日早于本申请的申请日，可以用来评述本申请部分权利要求的新颖性。此外，审查员通过阅读本申请国际检索报告给出的 A 文献，获得了可以评述大部分从属权利要求的创造性对比文件 GB1342157A 和 US4767470A。

审查员对检索过程进行了重新思考，发现采用申请人和发明人入口未检索到该系列申请的原因在于，两篇专利文献申请人和发明人的中文翻译不一致。系列申请 CN1358237A 的申请人和发明人分别翻译为"复合材料技术有限公司"和"詹姆斯·王"，而本申请的申请人和发明人的翻译为"合成材料技术公司"和"J·翁"。

审查员在 EPODOC 数据库利用申请人和发明人的英文名称迅速检索到该系列申请，检索式如下：

1　　259　　/IN　WONG W JAMES
2　　259　　.. LIM 1
3　　45　　 SUPERCONDUCT +
4　　　　　 .. LIM ALL
5　　413　　/PA COMPOSITE W MATERIALS
6　　413　　.. LIM 5
7　　65　　 SUPERCONDUCT +

案例启示：

在利用申请人/发明人入口进行系列申请检索时，鉴于中文数据库申请人/发明人的名称翻译经常存在差异性，在 EPOQUE 或 S 系统的外文数据库采用英文名称进行检索更加准确、全面。检索时应注意不同外文库申请人和发明人录入格式的差异性。例如，EPODOC（EPOQUE 系统）和 SIPOABS（S 系统）数据库申请人和发明人录入格式为全称格式，WPI（EPOQUE 系统）和 DWPI（S 系统）数据库申请人和发明人录入格式为缩写格式。

（案例提供人：王小东）

4. 通过简单检索获取分类信息和关键词信息

通过对部分独立权利要求的简单检索，可获取更加相关的分类信息和关键词信息，以有效进行进一步的检索。下面结合案例3-5进一步说明。

【案例3-5】

案例要点：检索分类号获取
发明名称：三温暖烤箱的热源装置
国际分类号：A61F7/00、A61G10/02
检索针对的内容：

一种三温暖烤箱的热源装置，该烤箱具有界定出一烘烤室的一内表面，其特征在于：该热源装置包含有：数加热垫，是散布在该烤箱内表面，且每一加热垫具有可产生热源的一电热体，及包覆该电热体的一绝缘层。

检索过程：

本申请分类员给出的分类号为：

A61F 7/00　　用于医学或人体治疗处理用的加热或冷却器具。

A61G 10/02·用于医学目的的具有人工气候的治疗室；用于医学目的具有保持所需气压装置的治疗室，例如用于无菌室的。

为了核实本申请分类号是否准确，审查员在CPRS进行了以下检索：

1　158（三温暖+桑拿）*加热

使用CPRS的IPC统计功能对IPC小组分类情况进行统计，统计结果如图3-20所示。检索结果的分类号主要集中在A61H 33/06（专为治疗或保健目的人工热气或冷气浴的洗浴装置；专为治疗或保健目的蒸汽浴或气体浴或冲洗浴的洗浴装置，如桑拿浴或芬兰浴）。通过查阅分类表可知，该分类号为与本申请技术方案最为相关的分类号。审查员在此分类下检索到一篇影响权利要求新颖性的专利文献（CN2585933Y），检索式如下：

1　994　　F IC A61H03306
2　81425　F KW 绝缘+玻璃纤维
3　27　　J 1*2

图3-20　案例3-5的IPC小组分类情况统计结果

（案例提供人：梁素平）

5. 查阅 S 系统语义检索结果及其推荐的关键词

S 系统检索准备子系统提供了语义检索推荐专利文献和语义检索推荐关键词两个子模块，如图 3-21 所示。其中语义检索推荐专利文献按照与本申请技术方案的相关性高低，给出最为相关的专利文献，默认文献数量为 50。审查员通过对语义检索结果的阅读，可获得背景技术知识、更加相关的分类号和关键词信息，甚至获得影响本申请技术方案新颖性/创造性的文献。

语义检索的目标检索英文数据库可通过图 3-21 右上角"配置"按钮进行设置，目标英文数据库可以为 DWPI、SIPOABS 和 CPEA。推荐检索关键词数量也可通过该按钮进行设置。

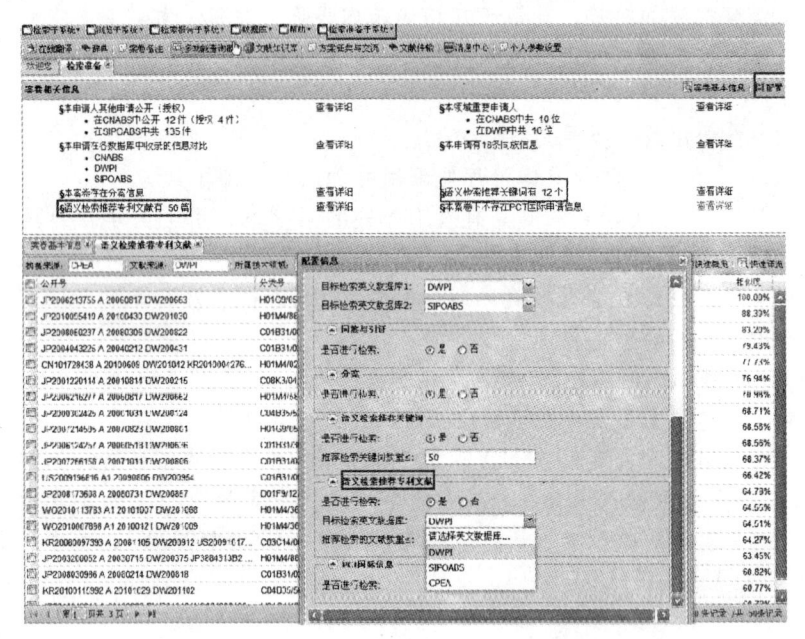

图 3-21 S 系统检索准备子系统语义检索相关模块

（三）检索

检索的基本流程为：(1) 确定基本检索要素；(2) 表达基本检索要素（分类号、关键词等）；(3) 选择检索系统和数据库；(4) 构造检索式进行检索；(5) 浏览检索结果并进行初步的结果判断；(6) 调整检索策略后继续检索。

其中数据库选择和检索策略制定是检索的关键环节，下面对这两部分内容进行重点介绍。

1. 检索数据库

检索是基于计算机数据库的检索，目前可供审查员检索的数据库分为专利文献数据库和非专利文献数据库。

1) 专利文献数据库

目前可供检索使用的专利文献系统主要有 S 系统和 EPOQUE 两大系统，其中常用的数据库有：

(1) 以中文为主的中国专利数据库

CPRSABS（S 系统）/CNPAT（CPRS 系统）：中国专利原始中文摘要、独立权利要求1；

CNABS（S系统）：中国专利原始中文和英文摘要、中国专利改写中文和英文摘要（来自 CPDI 和 DWPI）、权利要求书；

CNTXT（S系统）：中国专利全文；

TWABS（S系统）：我国台湾地区专利公报数据库（摘要、权利要求）。

（2）英文专利数据库

EPODOC/SIPOABS（S系统）：世界主要国家的原始英文摘要；

WPI/DWPI（S系统）：德温特改写英文摘要；

USTXT（S系统）/TXTUS（EPOQUE系统）：美国专利全文数据库；

EPTXT（S系统）/TXTEP（EPOQUE系统）：欧洲专利全文数据库；

WOTXT（S系统）/TXTWO（EPOQUE系统）：PCT申请专利全文数据库。

2）非专利文献数据库

（1）中文期刊数据库主要有：

中国期刊全文数据库、万方数据库、读秀。

（2）外文期刊数据库主要有：

ISI Web of Knowledge：含 SCI、Inspec 等数据库；

Google Scholar。

2. 电子器件领域基本检索模式

电子器件领域分类号和关键词检索并重，更加细化和准确的 EC/FI/F-term 分类号在检索中应用非常广泛。本节结合电子器件领域的申请特点和专利数据库自身的特点，制定了运用 IPC/EC/FI/F-term 分类号与关键词相结合进行检索的综合模式，下面对基本检索模式进行阐述。

1）IPC 分类号 + 关键词检索

IPC 是目前唯一的国际通用专利文献分类，世界各国均对其公开的专利文献给出 IPC 分类号。检索的主要专利文摘数据库和专利全文数据库均提供 IPC 分类号检索，其中中文数据库（如 CNPAT、CNABS）和专利全文数据库分类号检索，仅提供 IPC 分类号检索。

IPC 分类号检索存在以下局限性：① 部分 IPC 分类号的分类不准确，既存在功能和应用分类位置错分，又存在各国 IPC 分类号分类标准不一致的缺陷，还存在 US、JP、EP 等国家/地区组织由本国分类号通过程序转换得到导致的不准确；② IPC 分类多个版本分类号共存，对原来老版本分类的文献并不采用新版本分类号重新分类，仅检索 IPC8 分类号容易漏检早期文献。

IPC 分类号检索模式：

（1）在仅存在 IPC 分类号的中文数据库（如 CNPAT、CNABS）和专利全文数据库，为了克服 IPC 分类号不准的缺陷，可采用宽泛的 IPC 分类号结合关键词进行检索的策略。在检索时要特别注意对功能分类和应用分类均进行检索。分类号的确定可采用统计、分类表和关键词索引查找相结合的原则。此外，若存在多个版本的分类号，需要注意同时使用多版本分类号进行检索。

（2）在存在多种分类体系的 EPOQUE 或 S 系统英文文摘数据库，采用 IPC 分类号进行检索，适用以下情况：① 对现有技术贡献的技术特征与 IPC 分类号/IPC 粗分类号相对应；② 不存在细化的 EC/FI/F-term 分类号；③ 采用 IPC 分类号对 EC/FI/F-term 分类号未覆盖的国家进行补充检索。其中采用 IPC 分类号对 KR/TW 专利文献进行补充检索时，为了克服各国分类员在分类时标准不一致的缺陷，可先采用关键词与 KR（TW）/PR 相结合进行 IPC 分类号统计的方法，来确定检索需要的 IPC 分类号。

（3）对于 EPOQUE 或 S 系统，可具体采用同时检索 IPC 分类号对应的 EC/FI 分类号的方式，来部分克服由于 IPC 分类号自身局限性所导致的检索困难。具体检索模式为"分类号+/IC/EC/FI"或"分类号/IC/EC/FI/LOW"，其中 EPOQUE 系统的 EPODOC 数据库支持上述两种检索模式，S 系统的 SIPOABS 数据库和 DWPI 数据库支持第一种检索模式，不支持第二种检索模式（S 系统未开发/LOW 检索命令）。以 H01L27/10 为例，说明两种检索模式的差异性。H01L27/10 下位组有 27/102、27/105、27/11、27/112 等。其中第一种检索模式 H01L27/10+/IC/EC/FI 只能表达其下位组中的 27/102 和 27/105，不能表达 27/11 和 27/112。因此，H01L27/10 的准确检索模式应该为"/IC/EC/FI H01L27/10+ OR H01L27/11+"。这就要求在采用第一种检索模式检索时，通过查阅分类表来确定准确的检索表达式。而第二种检索模式则无需查阅分类表，/LOW 命令本身代表的含义就是检索所有的下位组。需要注意的是，由于 FI 以 IPC 分类号第 6 版为基础，与 IPC8 分类号差别较大，直接采用第 8 版分类号可能检索不到下位组分类号。

【案例 3-6】

案例要点：IPC 分类号检索

发明名称：氮化物基脊型发光二极管和激光器及制备方法

国际分类号：H01L33/00、H01S5/22、H01S5/343、H01S5/16

检索针对的内容：

一种氮化物脊型激光器的制备方法，其步骤包括：

1）生长氮化物量子阱激光器至上波导层；2）在上波导层上制备一氮化硅介质层，然后光刻，在上述介质层上开启窗口或窗口组；3）将上述窗口或窗口组清洗干净，生长 p 型覆盖层，形成脊型结构；4）在上述氮化物基脊型结构基础上，完成氮化物基脊型激光器的后续工艺。

检索过程：

该申请对现有技术贡献在于在介质层上形成窗口，生长 p 型覆盖层来形成脊型结构，其中涉及脊型结构的分类号为"H01S5/22 具有脊状或条状结构的"，其还具有下位组 IC/EC 分类号，如 H01S5/223 埋入的条状结构，H01S5/227 埋入的台面结构。而该对现有技术贡献的技术特征脊型结构仅与介质层上形成窗口有关，而与 H01S5/22 的下位组分类号埋入条状结构或台面结构无关，该申请对现有技术贡献的技术特征对应 IPC 粗分类号 H01S5/22+，因此进行以下检索：

..fi cl ew

1	18935	H01S5/22+/EC/IC
2	443921	RIB? OR RIDGE??
3	3255	1 AND 2
4	35864	DIELECTRIC+ AND (WINDOW? OR OPENING? OR APEATURE?)

5　　23　　3 AND 4

检索得到一篇非常相关的现有技术文献 WO85/05504A1。该文献为较早的申请文件，其 IPC 分类号为 H01S3/19 [4]，EC 分类号为 H01S5/22，若采用"H01S5/22 /IC"检索，由于其采用 IPC8 已不再使用的第 4 版分类号 H01S3/19，将漏检该篇对比文件。

在案例 3-8 中，若采用 IPC 分类号"G02F1/1362/IC"进行检索，将造成下面两篇 X 文献的漏检：其中对比文件 EP0766118A2 的 IPC 分类号为 G02F1/136，对比文件 US2007/0103631A1 的 IPC 分类号为 G02F1/1343，两篇对比文件的 EC 分类号均为"G02F1/1362W"。由此可见，采用"G02F1/1362/IC"将漏检采用上位分类号的 EP 文献和采用本国分类号机器转换对应过来的不准确分类号的 US 文献，而采用"G02F1/1362＋/IC/EC"或"G02F1/1362/IC/EC/LOW"可避免上述漏检。

案例启示：

在使用 IPC 分类号检索时，增加"分类号＋/EC/FI"或"分类号/EC/FI/LOW"，可避免早期 EP/US/WO/GB 文献采用老版本分类号或 US 等文献采用机器对应的不准确分类号造成的漏检。

（案例提供人：马志勇）

2）EC/FI/F-term 等细化分类号＋关键词检索

电子器件领域经常使用 IPC/EC/FI/F-term 等多种分类号，其中采用更加细化和准确的 EC/FI/F-term 分类号可提高检索效率和准确度。

EC/FI/F-term 等细化分类号存在以下局限性：EC 分类号仅对 EC/WO/US 以及 EPO 下属国家、在 EPO 申请的其他国家专利进行分类，未对大部分 JP/CN/KR/TW/RU 国家/地区文献分类，FI/F-term 仅对在日本的专利申请进行分类。因此，EC/FI/F-term 分类号具有国家性和地域性，仅对部分专利文献进行分类。当未检索到对比文件时，需要采用其他分类号进行补充检索。

EC/FI/F-term 等细化分类号检索模式：

（1）优先采用 EC 与 FI/F-term 相结合进行检索，采用 IPC 分类号进行补充检索。该策略适用于与 IPC 分类号相比，存在更加贴近对现有技术贡献的技术特征或发明所属技术领域的 EC/FI/F-term 细化分类号。

（2）电子器件领域存在很多改进发明，如涉及形状、厚度、某一部件的具体结构及材料组成、目的、技术效果、用途等，很难用关键词进行表述，优先考虑采用 F-term 进行检索，必要时可以与 FI 结合进行。

考虑到在电子器件领域 EC 对 US/EP/WO 的专利文献进行准确地细化分类，但未对另外一个电子器件专利申请大国日本（JP）进行分类，而日本在半导体、电容等具体领域申请量处于领先地位。因此，除了采用 EC 分类号检索外，还需要采用 FI/F-term 对日本专利申请进行检索，即 EC 和 FI/F-term 并行进行检索。在检索中，可优先采用 EC/FI/F-term 中更加细化的分类号进行检索。

目前，提供 EC/FI/F-term 分类号检索的数据库有：EPOQUE 系统的 EPODOC 数据库、S 系统的 SIPOABS 数据库和 DWPI 数据库。其中 S 系统的 SIPOABS 数据库和 DWPI 数据库 EC/FI/F-term 分类号标引与 EPODOC 数据库相比更加全面：S 系统对 SIPOABS 和 DWPI

数据库自有的上述分类号进行了互补性标引，因此现在这两个文摘数据库的分类信息基本达到一致，并均在原有基础上得到了提高。在采用上述分类号检索时，可直接采用上述两个数据库建立族数据库进行检索，无需转库。而采用 EPOQUE 系统检索时，在 EPODOC 数据库中采用 EC/FI/F-term 未检索到对比文件时，应该注意转库到 WPI 数据库，利用 WPI 数据库关键词准确、规范的特点，利用关键词检索。

用 EC/FI/F-term 分类号检索时，应该注意以下问题：① 考虑到 EC/FI/F-term 专利文献覆盖上存在的局限性，当采用其中的任何一个分类号如 EC 未检索到对比文件时，应采用其他分类号如 FI/F-term 进行补充检索；② 当检索 JP 申请时，可优先采用日本本国分类号 FI/F-term 检索，再使用 EC 进行检索；③ 当采用 EC/FI/F-term 未检索到对比文献时，至少需要采用 IPC 分类号或关键词对半导体专利重要申请国/地区如 KR/TW/CN 等进行补充检索。为提高效率，可采用（/IC AND（KR/PR OR TW/PR OR CN/PR））检索式进行补充检索。

【案例 3-7】

案例要点：F-term 分类号检索

发明名称：层叠型电子部件及其制造方法

检索针对的内容：

一种层叠型电子部件，由夹隔导体层层叠多个陶瓷层而得到的陶瓷本体构成，所述导体层是镀膜，且在陶瓷本体的一端面侧导出、有助于电容形成，其特征在于：由镀膜构成的所述导体层的周边部的厚度形成得比其内侧区域的厚度厚（如图 3-22 所示）。

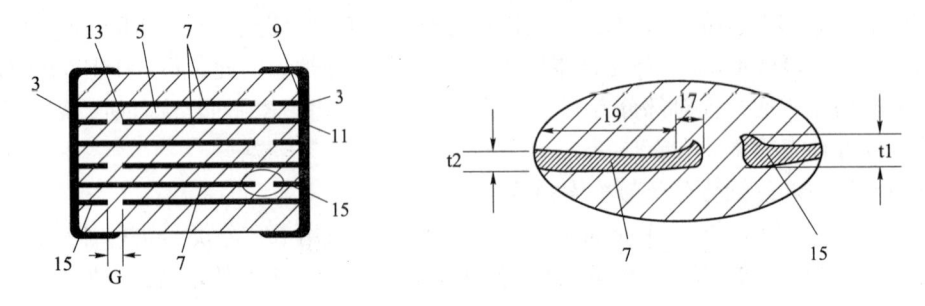

图 3-22 本申请层叠电子部件结构图

检索过程：

该申请为日本申请，对现有技术的贡献在于"由镀膜构成的所述导体层的周边部的厚度形成得比其内侧区域的厚度厚"，其技术效果为提高导体层和电极的黏结强度，优先考虑采用 F-term 分类号进行检索。查阅分类表，找到两个相关分类号，分别与厚度和技术效果相关：5E082/EE12 截面厚度改变的电极，5E082/BC32 机械强度黏附或者黏着。在 EPODOC 数据库中检索如下：

26　/FT 5E082/EE12 AND 5E082/BC32

检索得到一篇披露了包括本申请对现有技术贡献的技术特征在内的绝大多数技术特征的最接近现有技术 JP2002075771A，区别仅在于导体层由镀膜构成，结合另一篇对比文件（JP 特开 2002-329634A）评价其创造性。

案例启示：① 该最接近现有技术仅在日本申请，没有同族，若仅采用 EC 分类号进行检索，不采用 FI/F-term 分类号进行补充检索，将由于 EC 分类号未覆盖半导体领域主要申请国日本而造成漏检；② 若采用 IC 分类号进行检索，准确 IC 分类号下对应的文献量为 11 918 篇，数量巨大，需要许多关键词进行限定，而且涉及对现有技术贡献的技术特征的关键词不容易表达，若关键词选择不当，容易造成漏检；③ 该申请为日本申请，同时存在涉及对现有技术贡献的技术特征厚度和技术效果的准确 F-term 分类号，两个分类号相"与"，检索结果只有 26 篇，非常精炼，不需要关键词扩展便可得到对比文件。

（案例提供人：马志勇）

3) 分类号 + VIEWER 看图浏览检索

该检索模式适用于一方面对现有技术贡献的技术特征很难用准确的关键词进行表达如存在多种表达方式；另一方面该技术特征通常记录在附图中，而不会出现在申请文件如摘要中。

【案例 3-8】

案例要点：技术细节特征检索
发明名称：薄膜晶体管阵列基板及其制作方法
检索针对的内容：

一种薄膜晶体管阵列基板，其特征在于包括：一基板；多条栅线与多条数据线，配置于所述基板上，其中所述栅线与数据线相交以定义多个像素区域；多个像素结构，配置于所述基板上的各像素区域中，其中各像素结构包括一薄膜晶体管和一像素电极，所述薄膜晶体管的源极通过接触孔电性连接所述像素电极，所述薄膜晶体管的漏极位于所述栅线与数据线的交叉部（如图 3-23 所示）。

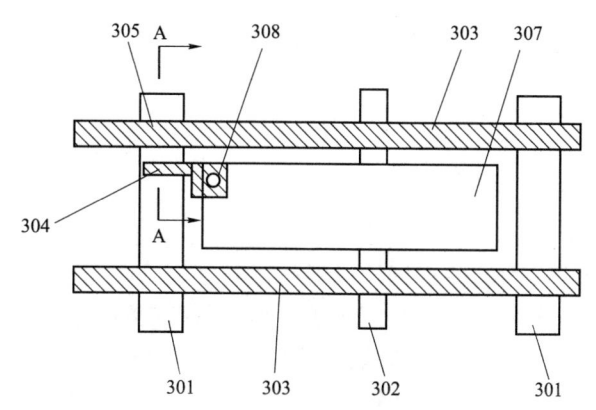

图 3-23 本申请薄膜晶体管阵列基板结构图

检索过程：

该申请对现有技术贡献仅在于"所述薄膜晶体管的漏极位于所述栅极与数据线的交叉部"，其中 EC 分类号存在贴近对现有技术贡献的技术特征的细化分类号：G02F1/1362W，有源矩阵寻址单元，配线如栅线、漏线，采用 EC 分类号进行检索。由于对现有技术贡献的技术特征比较细微,漏极位于交叉部这种特征一般不会出现在摘要中,但可能在附图中出现,故采用 EC 分类号结合 VIEWER 看图浏览进行检索,检索式如下:

.. fi epodoc
1　　1850　　G02F1/1362W /EC
2　　26822　　(DATA W WIRE?) OR (DATA W LINE?)
3　　434　　1 AND 2
11　　83　　3 AND (INTERSECT + OR PREPENDICULAR)

在 VIEWER 中通过看图浏览,找到 2 篇 X 文献 EP0766118A2 和 US2007/0103631A1,图 3-24 为 2 篇对比文件的附图。

EP0766118A2　　　　　　　　　　　　US2007/0103631A1

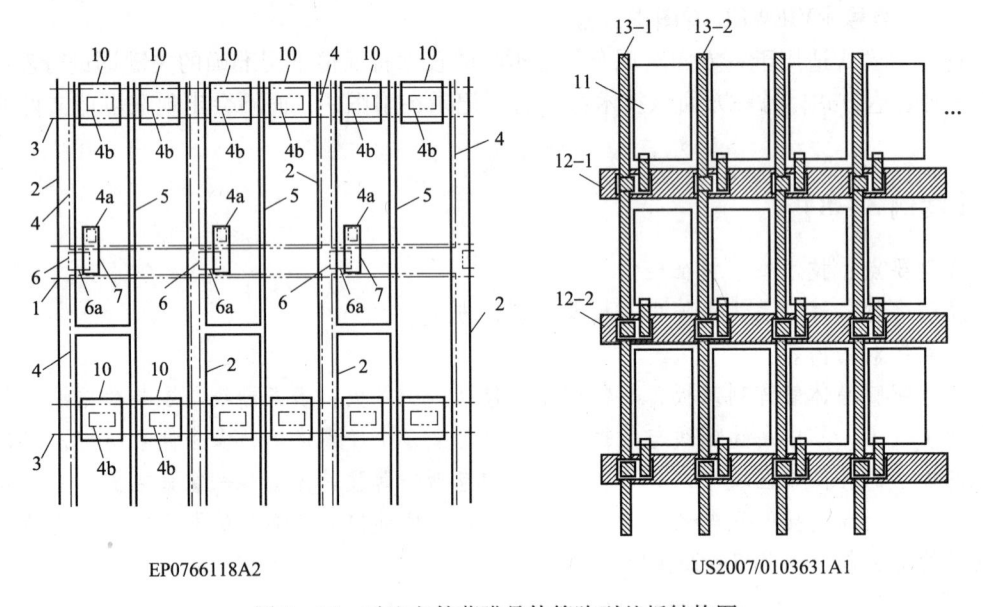

图 3-24　对比文件薄膜晶体管阵列基板结构图

(案例提供人:马志勇)

4) 直接采用关键词检索

该检索模式适用于:

(1) 技术特征对应准确的关键词,或者技术特征对应的分类号非常分散,或者没有非常相关的分类号。在检索时注意关键词的扩展和采用族数据库进行检索。

(2) 涉及组成/结构/厚度/效果等细节技术特征,此类技术特征通常不会在摘要中出现,而出现在专利全文中,可在专利全文库采用关键词进行检索。

(四) 补充检索

在实质审查过程中,为了获得更加合适的对比文件,《专利审查指南》和《审查操作规程》规定了应当对申请进行补充检索的 6 种情况,具体如下:

(1) 申请人修改了权利要求,原先的检索没有覆盖修改后权利要求请求保护的范围;

(2) 申请人澄清了某些内容,使得原先的检索不完整、不准确;

（3）第一次审查意见通知书以前的检索（首次检索）不完整或不准确；

（4）审查意见的改变使得已经作出的检索不完整或不准确而需要增加或者改变其检索领域的；

（5）首次检索时距离申请日不足 18 个月，从而可能存在首次检索日后公开的 E、R 类文件；

（6）首次检索时发现可能构成抵触申请的指定中国的 PCT 申请，则在对申请发出授权通知之前，应当通过 CPRS（或 EPOQUE）系统补充检索，查看其是否进入了中国国家阶段并作出了中文公布。下面结合案例 3-9 进一步说明。

【案例 3-9】

案例要点：多次补充检索

发明名称：发光元件及其制造方法

检索针对的内容：

一种发光元件，其特征在于，具有设置在与光射出面相反一侧的支撑基板、连接在所述支撑基板上，至少有相对于所述光射出面的法线倾斜规定角度的侧面的半导体元件层。

检索过程：

审查员在发出第一次审查意见通知书时，参考美国同族申请审查过程获得多个对比文件，其中对比文件 1（WO2004013916A1）可以评述多个权利要求的新颖性，结合其他对比文件评述本申请全部权利要求。

申请人答复第一次审查意见通知书时，将从属权利要求 4 的附加技术特征"所述光射出面和所述半导体元件层的所述侧面所成的角度是钝角"补入权利要求 1。在第二次审查意见通知书中，继续利用对比文件 1 的两个实施例评述了权利要求 1 的创造性，并认为原先的检索不够准确，进行了补充检索，并利用补充检索到的对比文件 5（US5187547A）和对比文件 1 结合评述了权利要求 1 的创造性。

申请人答复第二次审查意见通知书时，将从属权利要求 2、5 补入权利要求 1。审查员再次进行了补充检索，发出第三次审查意见通知书，利用检索到的对比文件 6（JP 平 7-131066A）与对比文件 1 结合评述了权利要求 1 的创造性。

案例启示：

对于外国同族审查过程给出的对比文件，要采用批判的眼光合理借鉴。当其给出的对比文件不恰当时，应当进行常规检索。在审查过程中，应该根据申请人的修改和自己对申请的理解，进行合理的补充检索。

（案例提供人：王小东）

【案例 3-10】

案例要点：可能构成抵触申请的 PCT 申请的补充检索

发明名称：立体影像成像系统

检索针对的内容：

一种立体影像成像系统，包括：一液晶显示器面板，包括一液晶层；以及一具方向性的背光组件，设置于该液晶显示器面板的后方，该组件包括：一导光板，具有一导光面，该导光面系面向该液晶显示器面板;一聚焦层,设置于该导光板与该液晶显示器面板之间,该聚焦层具有一聚焦面,该聚焦面是与该导光面相对配置;一左侧背光源及一右侧背光源,分别设置于该导光板的左右两侧;一第一V型微沟槽结构,配置于该导光面,用以使该左侧背光源及该右侧背光源射出的光线以大角度出射该导光面;以及一第二V型微沟槽结构,配置于该聚焦面,用以使出射该导光板的光线于一特定角度范围内出射该聚焦层(如图3-25所示)。

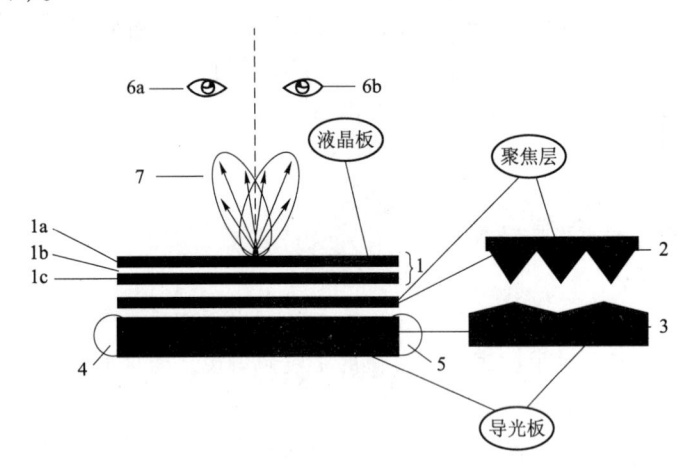

图3-25 本申请立体影像成像系统结构图

检索过程:

审查员在发出第一次审查意见通知书前,采用EC分类号检索到一篇时间不能用的相关文献WO2004088996A1,其公开日为2004年10月14日,检索式如下:

1　1216　(G02B27/22T OR H04N13/00S4A7)/EC
2　17　1 AND (GROOVE? OR PRISM? OR UNEVEN)

如果上述文献进入中国国家阶段并作出中文公布,将构成可评述本申请权利要求1,7~10的抵触申请。该申请日早于本申请的申请日2004年6月14日,公开日晚于本申请的申请日,申请人为皇家飞利浦电子股份有限公司。审查员于2007年1月16日发出第二次审查意见通知书时,找到其进入中国国家阶段的公开文本:CN1768537A(公开日为2006年5月3日),并将该公开文本作为对比文件,评述了上述权利要求的新颖性。

案例启示:

对于检索到的申请在前、公开在后的国际公开文本,在回案处理时应注意补充检索该国际申请是否已进入中国国家阶段并作出中文公布,核实其是否构成抵触申请文件。

(案例提供人:梁素平)

二、特定类型申请检索策略

(一)进入中国国家阶段PCT申请的检索策略

1. 进入中国国家阶段的PCT申请的特点

1)国际阶段的参考信息

每一份PCT申请进入国家阶段之前,都经历了国际阶段程序,通常都附有国际检索报告等国际阶段的参考文件,因此与一般的国家申请相比,进入国家阶段的 PCT 申请会存在许多可参考的国际阶段文件,包括:国际检索报告、书面意见和专利性国际初步审查报告。上述国际阶段文件不仅提供了对比文件的信息,还提供了如关键词、主题分类、申请人/发明人以及背景技术等有用信息。同时,书面意见和专利性国际初步审查报告还有助于审查员理解现有技术和发明的技术方案。

在外网中查找书面意见和/或专利性国际初步报告网址为:

http://www.wipo.int/pctdb/en/

2) 丰富的同族信息

一般的 PCT 申请都会进入多个指定局或选定局,这样该 PCT 申请就会有多个同族,不同的同族会给出许多不同的信息。如美国局或日本局作出国际检索报告的 PCT 申请在进入欧洲后,欧洲同族经常会附有欧洲补充检索报告,并且会给出 EC 分类号;日本局或欧专局作出检索报告的 PCT 申请在进入美国后,美国同族的审查过程经常会引用一些非国际检索报告中的文件,并会给出对应的 UC 分类号。审查员应该充分利用 PCT 申请的同族及其审查信息,以提高审查效率。

2. 各国际检索单位的检索特点

1) 各国际检索单位主要检索的数据库

欧专局(EPO):在 EPO-Internal 中进行检索,根据领域不同还会在不同的电子数据库中检索,如 WPI Data、BEILSTEIN Data、CHEM ABS Data、INSPEC 等;EPO-Internal 数据库包括了 DOCDB(文本文档库)和 BNS(图形文档库),数据源包括各国家专利局、来自各公司的技术发现、发表的论文等,同时还包括了大约 30 个外部的商业数据库如 WPI、CA 等。

美国局(USPTO):一般在电子数据库 EAST 中进行检索,EAST 可检索的数据包括:

(1) 1790 年起的美国专利图形数据和从 1920 年起的美国专利全文数据(USPT)、美国授权前公开文献(PGPubs),1790~1919 年期间以及 1920~1971 年期间的两个时间段的美国专利 OCR 数据库正在建设中;

(2) 首页数据库(FPDB),包括:1976 年起的日本专利文摘(JPAB)、1978 年起的 5 个欧洲专利局成员国(EP 专利文献、法、德、英、瑞士)和 WIPO 专利文献(PCT 公开)的英文专利摘要;

(3) 1920 年起的上述国家和组织的专利文献全文的图形数据;

(4) 德温特世界专利索引(DWPI)数据库和 IBM 技术公报(TDB)。

日本局(JPO):在日本本国的专利(包括实用新型和发明)范围内进行检索。

韩国局(KIPO):在 KIPONET internal 数据库中进行检索,KIPONET internal 数据库不仅包含了韩国从 1948 年以后的专利文献及实用新型,还包括了 US(1976~)、JP(1976~)、EP(1970~)以及 PCT(1978~)的专利文献。

加拿大局(CA):在加拿大专利数据库、欧洲专利数据库、美国专利数据库、Delphion 数据库中进行检索。

2) 各国际检索单位检索全面性系数与文件类型分析

以审查协作中心在 2009 年下半年约 3 个月时间段内、审查员检索到了 PCT 检索报告文献外的 X 类或 Y 类对比文件的 PCT 调点件(平衡系数调整为 1.2)为对象作数据统计。

共统计案件 688 件，具体分布见表 3-8。其中有关各国际检索单位 2004~2008 年的国际初步审查请求数的数据来自 *PCT-THE INTERNATIONAL PATENT SYSTERM-YEARLY REVIEW 2008*。

表 3-8　2004~2008 年 PCT 调点件统计

PCT 国际检索单位	调点件数 $a1$	2004~2008 年的国际初步审查请求数的总量 $a2$	检索全面性系数 a （×103）
EPO	271	67 583	4.0
USPTO	133	26 748	5.0
JPO	187	13 992	13.4
KIPO	53	3 052	17.4
其他（SW、AU、CA、ES、RU、CN、SE、FI）	44		

其中检索全面性系数 $a = a1/a2$，a 越大漏检率越高。

从表 3-8 可以看出，EPO 的检索全面性系数 a 最小，USPTO 次之，而 JPO 与 KIPO 的检索全面性系数 a 相对较大。这也给我们针对不同国际检索单位作出的 PCT 申请如何合理补充检索提供了一定的参考。

在统计中，我们还着重于对各国际检索单位作出的 PCT 国际检索报告中引用文献的类型作了统计，具体数据见表 3-9。

表 3-9　PCT 国际检索报告引用文献类型统计

		国际检索报告中的文件类型							
		WO	US	EP	JP	DE	其他（GB、FR 等）	非专利文献	KR
PCT 国际检索单位	EPO	38%	83%	46%	18%	23%	13%	20%	
	USPTO	1.5%	100%	1%	1%	0	0	2%	
	JPO	7.5%	3.2%	1.5%	100%	0.5%	0.5%	2%	
	KIPO	26%	57%	13%	55%	0	0	7.5%	47%

从表 3-9 可以看出，由欧专局（EPO）作出的国际检索，其检索报告中的文献没有明显的国别差异，且对于非专利文献的引用率达到了 20%，是所有国际检索单位中非专利文献引用比率最高的。由美国局（USPTO）作出的国际检索，其检索报告中的文献存在明显的倾向，即美国专利文献的引用率达到了 100%，而除了美国以外的其他国家或地区的专利文献的引用率加起来也不过 3.5%，非专利文献的引用率也只有 2%。可以说，从统计数据上看，美国局在进行 PCT 国际检索时，一般只会在美国本国的专利文献中进行。由日本局（JPO）作出的国际检索，其检索报告中的文献也存在明显的倾向，即日本

专利文献的引用率达到了100%，而即使引用了如WO、EP、US等非日本专利文献，该被引用的专利文献，一般也都存在日本同族或者就是由日本语撰写的PCT申请。另外，非专利文献的引用率也只有2%，且引用的非专利文献的语言都是日本语。可以说，从统计数据上看，日本局在进行PCT国际检索时，一般只会在由日本语撰写的专利文献中进行。

对于由韩国局（KIPO）作出的国际检索，其检索报告中的文献并没有明显的国别差异，且韩国本国的专利文献的引用率也达到了47%；非专利文献的引用率达到了7.5%。

由此，我们对上述的分析进行了一定的归纳，并列在表3-10中。

表3-10 各国际检索单位引用文献分析

PCT国际检索单位	引用专利文献的类型	非专利文献的引用频率
欧专局（EPO）	无明显的国别差异	经常
美国局（USPTO）	以US的专利文献为主	较少
日本局（JPO）	以日本语撰写的专利文献为主	较少
韩国局（KIPO）	有许多KR或KR文献同族，无明显的国别差异	一般

3. 在国家阶段对PCT申请的补充检索策略

国际检索单位有很多，包括欧洲、美国、中国、日本、韩国、澳大利亚、瑞典等，尽管存在最低限度文献的规定，但各个国际局作出的国际检索具有各自不同的特点，例如主要检索的数据库不同，引用文献的主要国别类型不同等。因此，有必要针对各国际检索单位的检索特点，提出合理的补充检索策略，以使审查员能够在一定的范围内进行高效率的补充检索，这样才能兼顾节约原则与审查质量。

在上述统计中，我们还对中国审查员补充检索到的国际检索报告以外的文献作了类型统计，具体数据反映在表3-11中。

表3-11 PCT申请中国国家阶段补充检索文献类型统计

		中国审查员检索到的国际检索报告以外的X或Y类文献的类型						
		WO	US	EP	JP	CN	其他（GB、KR等）	非专利文献
PCT国际检索局	EPO	10%	55%	3%	11%	29%	2%	6%
	USPTO	10%	61%	0	8%	36%	0	5%
	JPO	10%	36%	4%	25%	36%	2%	5.3%
	KIPO	13%	43%	0%	15%	43%	0	9.5%
平均		11%	49%	8.8%	15%	36%	1%	6.5%

从表3-11可以看出，中国审查员补充检索到的文献以美国US和中国CN的专利文献为主。其原因大致如下：由于中国专利文献不在PCT条约规定的最低限度文献内，因此，国际检索一般并不会检索中国专利文献；而对于中国审查员来说，利用母语进行检索

非常便捷，且规程中也规定了在一定情形下需要补充检索中文文献，因此使得中国审查员补充检索到中国专利文献的比率较高，达到了36%。而美国是经济、科技大国，其在许多科技领域都处于领先地位，且一般的专利申请都存在美国同族。也就是说，美国国家专利文献的覆盖面非常宽广；另外，对于中国审查员来说，以英语撰写的美国专利文献也会优先使用。因此，使得中国审查员补充检索到美国专利文献的比率最高，达到了49%。

通过上面的分析可以看出，中国审查员在面对进入国家阶段的PCT申请时，除了按照规程中的规定在一定情形下补充检索中文文献外，还需要针对不同国际检索单位作出的国际检索报告作出不同策略的补充检索，特别是国际检索报告中引入的对比文件不足以破坏权利要求书中的全部技术方案的新颖性/创造性时。

另外，由日本局和韩国局作出国际检索的PCT申请在进入欧洲时经常会有EPO作出的补充检索报告（Supplementary European search report），且从实践来看，EPO补充检索报告中的对比文件一般要比由日本局和韩国局作出的PCT国际检索报告给出的文献更为相关。因而，在处理相关案卷时需要关注EPO的补充检索报告。

经过上述统计与分析，针对不同国际检索单位的PCT申请给出了合理补充检索的建议，见表3-12。

表3-12 PCT申请合理补充检索的建议

PCT国际检索单位	专利文献	非专利文献	其他
欧专局（EPO）	一般补充中文文献为主	一般补充中文文献为主	注意美国同族的审查信息
美国局（USPTO）	除中文文献外，还应补充检索其他国别专利	应检索中文和外文的非专利文献	参考EPO补充检索报告
日本局（JPO）	除中文文献外，还应补充检索其他国别专利	应检索中文和外文的非专利文献	应注重参考EPO补充检索报告
韩国局（KIPO）	除中文文献外，还应补充检索其他国别专利	应检索中文和外文的非专利文献	应注重参考EPO补充检索报告

（二）分案申请检索策略

分案申请的审查和检索应根据《专利法实施细则》第43条第1款的规定，首先审查分案申请的内容是否超出原申请文件记载的范围。当分案申请的权利要求修改超出了原申请文件记载的范围时，可暂时对这些权利要求不进行检索。

分案申请的一般检索流程为：在分案申请的检索流程中，追踪检索和追踪检索之后的普通检索，为分案申请检索的两个关键环节，下面针对这两个环节的检索进行介绍（如图3-26所示）。

1. 追踪检索

分案申请可借鉴的审查和检索信息非常丰富，经常存在同族申请、母案申请和基于同一母案申请的其他分案申请。因此，追踪检索为分案申请检索的重要环节，在检索时应优

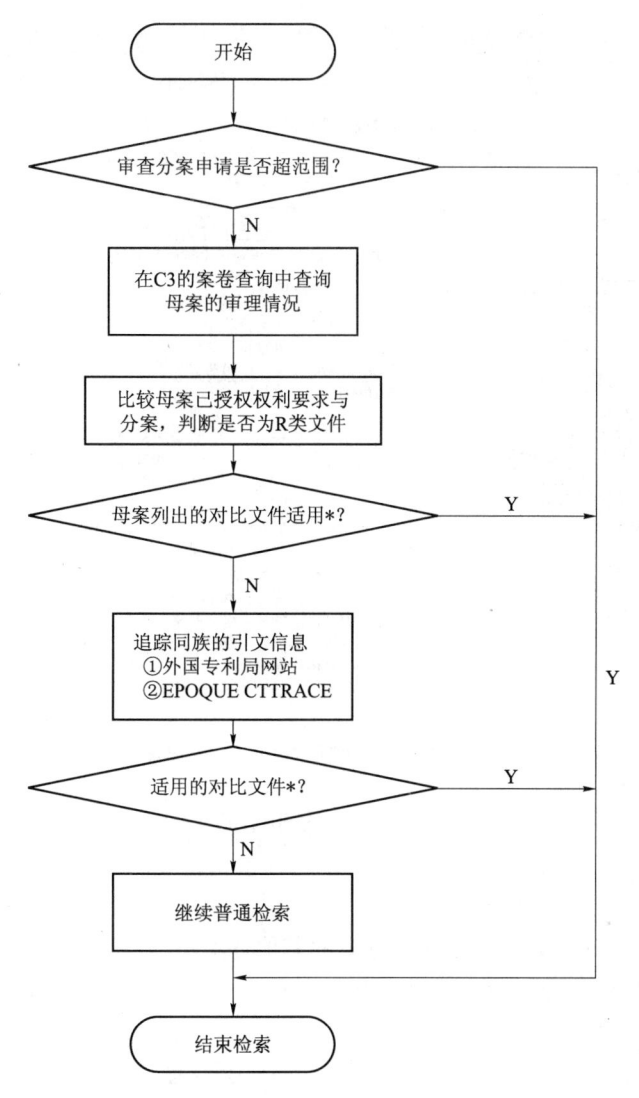

```
                    ┌─────────┐
                    │  开始   │
                    └────┬────┘
                         │
                    ╱──────────╲
                   ╱ 审查分案申请╲
                  ╱  是否超范围? ╲──────┐
                   ╲            ╱       │
                    ╲──────────╱        │
                         │N              │
                    ┌────┴────┐          │
                    │在C3的案卷│          │
                    │查询中查询│          │
                    │母案的审理│          │
                    │情况     │          │
                    └────┬────┘          │
                         │                │
                    ┌────┴────┐          │
                    │比较母案已│          │
                    │授权权利要│          │
                    │求与分案, │          │
                    │判断是否为│          │
                    │R类文件  │          │
                    └────┬────┘          │
                         │                │
                    ╱──────────╲          │
                   ╱母案列出的对╲  Y      │
                  ╱ 比文件适用*? ╲────┐   │
                   ╲            ╱     │   │
                    ╲──────────╱      │   │
                         │N            │   │
                    ┌────┴────┐        │   │
                    │追踪同族的│        │   │
                    │引文信息 │        │   │
                    │①外国专利│        │   │
                    │局网站   │        │   │
                    │②EPOQUE │        │   │
                    │CTTRACE  │        │Y  │
                    └────┬────┘        │   │
                         │              │   │
                    ╱──────────╲        │   │
                   ╱适用的对比  ╲  Y    │   │
                  ╱  文件*?     ╲──────┤   │
                   ╲            ╱      │   │
                    ╲──────────╱       │   │
                         │N             │   │
                    ┌────┴────┐        │   │
                    │继续普通 │        │   │
                    │检索     │        │   │
                    └────┬────┘        │   │
                         │◄─────────────┘   │
                         │◄─────────────────┘
                    ┌────┴────┐
                    │结束检索 │
                    └─────────┘
```

图 3-26 分案申请检索的一般流程

先采用。追踪检索的基本检索途径有：检索信息查询和引用/被引用文献追踪检索。

1) 检索信息查询

国内检索信息查询可通过 E 系统 "查询子系统" 获取母案申请和其他分案申请的审查和检索信息，如图 3-27 所示。其中对于申请时间较早的母案申请，在 E 系统不能获取审查意见通知书和检索报告时，可通过 "案卷信息" 中的 "审批历史" 查找审查员姓名，再与原案审查员联系的方式获得。若母案申请已授权，也可通过查看授权文本著录项目的第 [56] 项来获取审查过程中引用的对比文件。

国外检索信息可通过访问 USPTO/EPO/JPO/KIPO 等专利局的官方网站，来获取上述申请在该国的同族申请的审查和检索信息。

追踪检索应重点关注以下问题：① 母案、基于同一母案的其他分案申请，以及其同族引用的对比文件，是否可作为影响本分案申请权利要求新颖性/创造性的 X/Y 文件；

图 3-27　E 系统审查信息获取界面

② 要注意核实母案已授权的权利要求与本分案申请权利要求的保护范围是否相同，从而构成 R 类文献。

2）引用/被引用文献追踪检索

由于分案申请具有母案、基于同一母案的其他分案申请，以及同族申请等较多相关申请，上述申请中的相当一部分在 EPOQUE 或 S 系统中具有引用的文献和被引用文献，这些文献一般来说也是相关的。因此，通过对上述相关申请的追踪检索，可进一步获得有价值的现有技术文献，如影响本分案申请权利要求新颖性/创造性的文献。

在 EPOQUE 系统可通过..CTTRACE 进行引用文献和被引用文献的追踪，该程序综合利用了 EPODOC 和 WPI 中的同族信息和引用文献/被引用文献信息，结果全面；而且上述检索不使用族数据库，不会清除检索历史，并且对检索结果自动进行了合并去重处理；此外，检索结果以 WPI 中显示为主，EPODOC 中显示为辅。

S 系统可通过引证与被引证查询器进行追踪，如图 3-28 所示。单击菜单栏上的多功能查询器，选择其中的引证与被引证查询器便可检索。其引证信息和被引证信息分开检索，但目前的检索结果与 EPOQUE 系统利用..CTTRACE 程序追踪的结果还存在一定的差距。

【案例 3-11】

案例要点：CTTRACE 追踪检索
发明名称：半导体器件及其制造方法
申请号：200810095054.5

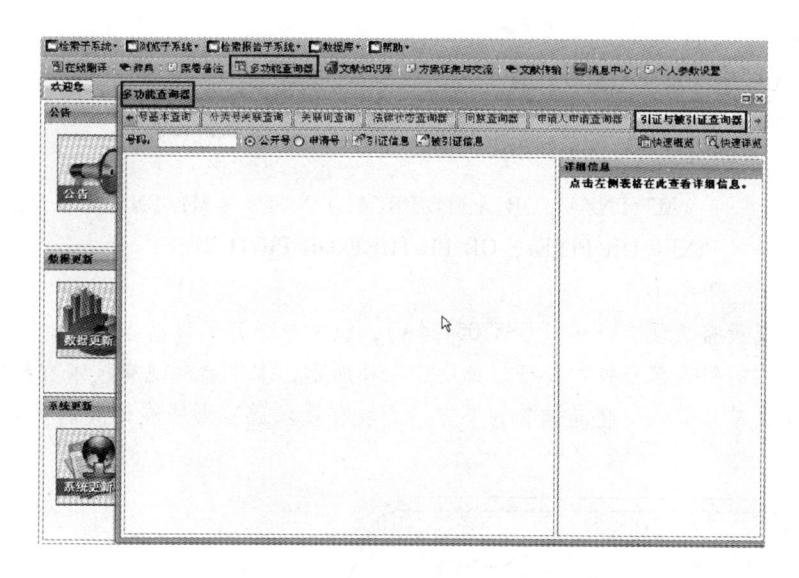

第三章　电子器件领域最低检索策略

图 3-28　S 系统引证与被引证查询器

分案原申请号：200510074018.7
优先权：2000.9.14 JP 280864/00
　　　　2000.9.14 JP 280902/00
检索针对的内容：

一种电子装置，包括：第一薄膜器件；在所述第一薄膜器件上的第二薄膜器件；每个所述第一和第二薄膜器件分别包括：第一绝缘膜；在所述第一绝缘膜上的第一电极；在所述第一电极上的第二绝缘膜；在所述第二绝缘膜上的第一和第二薄膜晶体管，其中所述第一薄膜晶体管穿过形成在第二绝缘膜中的一个第一接触孔连接到所述第一电极；在所述晶体管上的第三绝缘膜；在所述第三绝缘膜上的第二电极，其中所述第二电极穿过形成在第三绝缘膜中的一个第二接触孔连接到所述第二薄膜晶体管；和在所述第三绝缘膜和第二电极上的第四绝缘膜；其中所述第一薄膜器件的第二电极穿过一个第三接触孔与所述第二薄膜器件的第一电极电连接，所述第三接触孔形成在第一薄膜器件的第四绝缘膜中和第二薄膜器件的第一绝缘膜中（如图 3-29 所示）。

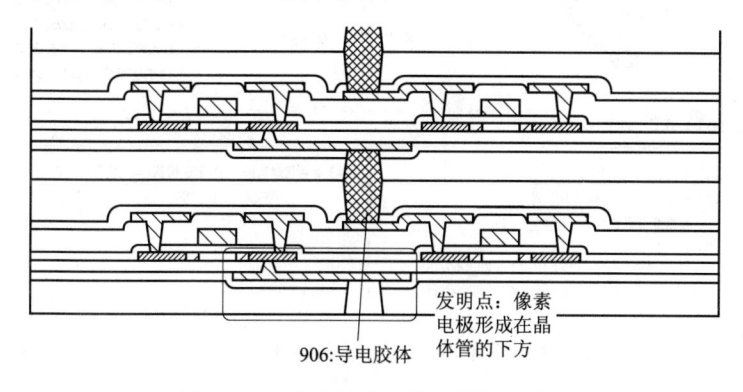

图 3-29　本申请电子装置结构示意图

检索过程：
在 EPOQUE 系统采用 CTTRACE 进行追踪检索：
1   CN1881585/PN
..cttrace
2   142   (*M3/PN/AL OR *M4/PR/AL) NOT (*M1/PN OR *M2/PR)/ALL
3   250834   PIXEL OR PIXELS OR PICTURE OR PICTURES
4   29   2 AND 3

检索到一篇最接近现有技术（US5705424A），该文献公开了包括本申请对现有技术贡献的技术特征在内的绝大部分技术特征。如图 3-30 所示，本申请对现有技术贡献的技术特征为，像素电极通常形成在薄膜晶体管的下方，而现有技术通常形成在薄膜晶体管的上方。

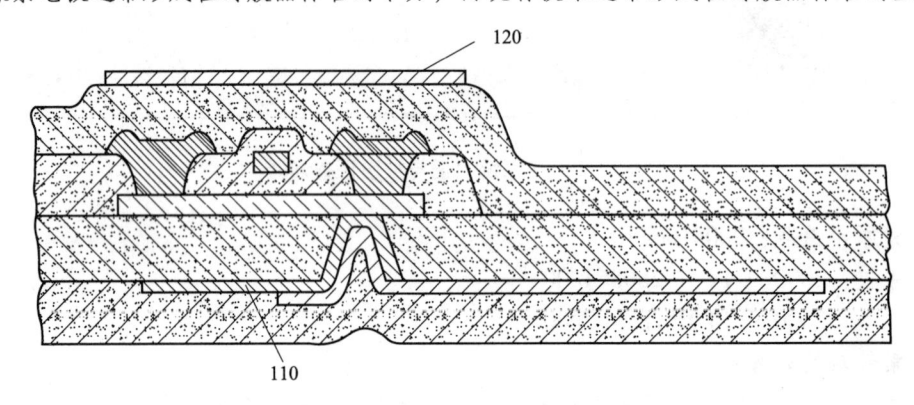

图 3-30 US5705424A 薄膜晶体管结构示意图

另外，本分案申请为分案申请的再次分案。母案的公开文本显示其原申请号为 01130323.9，如图 3-31 所示。对于这类申请，原案、母案、其他相关分案和同族非常多，采用直接查找引用或被引用文献工作量非常大，而直接采用..cttrace 进行追踪，可以达到事半功倍的效果。

图 3-31 本分案申请"分案原申请号"对应的公开文本

（案例提供人：马志勇）

2. 普通检索

当追踪检索未检索到合适对比文件时，在借鉴原案检索关键词和分类号的基础上，按照普通申请的检索方法，进行常规检索。

【案例 3-12】

案例要点： 分案申请检索
发明名称： 氮化镓基半导体发光二极管及其制造方法
申请号： 200810095054.5
原案申请号： 200610139775.1
检索针对的内容：

一种 GaN 基半导体 LED，包括：蓝宝石衬底，具有形成在其下部的至少一个凹槽；反射层，形成在所述蓝宝石衬底的底面上，以填充所述凹槽，所述反射层具有高于所述蓝宝石衬底的反射率……（如图 3-32 所示）。

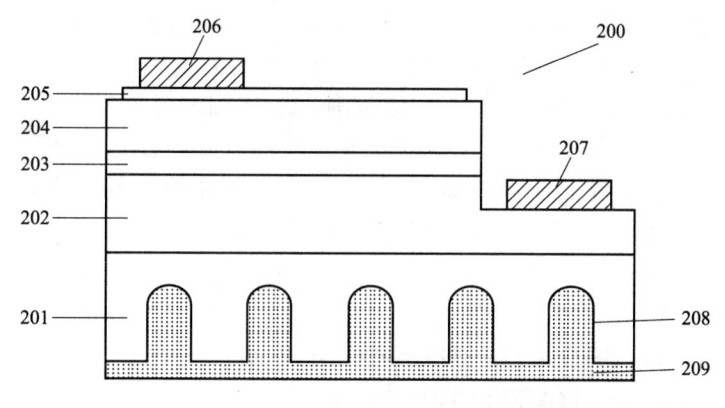

图 3-32 本申请 LED 结构示意图

检索过程：

首先，对母案进行追踪检索，母案检索报告列出的文献均为 A 类文献。这些 A 类文献也不能影响本分案申请权利要求的新颖性/创造性。

其次，对分案申请同族进行追踪检索，其中美国同族申请（US2007069222A）给出了一篇疑似 Y 文件（US2004/0180470A1），经核实该篇文献不能作为对比文件使用；日本同族申请（JP2007096300A）尚未进行审查。

由于追踪检索未得到合适的对比文件，审查员在 CPRS 中进行了常规检索：
（氮化镓+GAN）*（二极管+LED）*（凹+槽）*（反射+热）<hits:16>
检索到 1 篇影响该权利要求新颖性的 E 类文献（CN1707820A）。

案例启示：

对于分案申请的检索，可参考但不能迷信母案和同族的检索结果，当追踪检索未检索到合适对比文件时，应进行全面的常规检索。

（案例提供人：梁素平）

(三) 日本专利申请检索策略

日本为电子器件的申请大国,其申请以大公司申请为主,具体可采用以下检索策略:

(1) 关注同族审查过程,检索方法与普通申请的检索方法相同。

(2) 分类号检索,可优先采用 FI/F-term 等细化分类号进行检索;当未检索到合适对比文件时,采用其他分类号/关键词进行补充检索。

目前 FI/F-term 分类号具体可通过内网 EPOQUE 系统和 S 系统、外网日本特许厅 IPDL FI/F-term 检索系统进行检索。其中 S 系统 SIPOABS 和 DWPI 数据库均给出 FI/F-term 分类号,与 EPOQUE 系统相比检索更加便捷、全面。外网日本特许厅检索系统与内网上述两系统相比,检索文献更加全面,但只提供 FI/F-term 分类号进行检索,不能采用关键词进行检索。

(3) 申请人/发明人入口检索。半导体领域存在许多大公司申请,如松下、日本能源研究所、三星等,并且大公司申请占有很大比重,存在众多系列申请。系列申请的在先申请经常可以作为 X/Y 文献,要注意采用申请人/发明人入口检索其在先申请。

在检索中应该注意以下事项:① 由于同一公司申请数量众多,在检索中需要注意采用分类号或关键词来限定一较为准确的检索范围;② 采用申请人/发明人进行检索时,要注意 EPOQUE 系统各库给出的申请人/发明人英文名称并不完全相同,同一公司的 CPY 字段经常也存在多个,申请人入口检索可采取大公司名称的主题词进行检索,如采用"MATSUSHITA(松下)"进行,这样检索结果更加全面、准确。若采用 CPY 检索时,要注意不要遗漏,如松下公司 CPY 字段有 MATU、MATE 等多个。下面给出 EPOQUE 系统松下公司部分申请人名称和 CPY 字段:

EPODOC　　**MATSUSHITA** ELECTRONICS CORP
　　　　　　MATSUSHITA ELECTRIC IND CO LTD
WPI　　　　**MATSUSHITA** ELECTRONICS CORP
　　　　　　MATSUSHITA DENKI SANGYO KK
　　　　　　MATSUSHITA ELECTRIC IND CO LTD
CPY　　　　**MATE,-MATU**

(4) 发明高度较低的简单申请检索。一方面注意采用 F-term 分类号或 FI 与 F-term 相结合进行检索;另一方面注意对日本实用新型的检索。

(四) 国内高校申请检索策略

国内高校和科研院所专利申请注重技术的前沿性、新颖性和理论性,对比文件经常出现在非专利文献如期刊、会议论文以及硕、博士论文中。因此,此类申请要重视非专利文献的检索,其一般检索流程为:

(1) 专利数据库申请人/发明人追踪检索。首先在 CPRS 数据库以发明人为入口检索是否存在由同一发明人作出的相关申请,由此可能找到十分相关的 X、Y、E 或 R 类文件。

(2) 非专利数据库追踪和关键词检索。在 CPRS 中没有检索到相关文件的情况下,应将检索重点转向中文和外文非专利数据库,此为高校科研院所申请检索的重点,非专利检索策略具体参见第二章非专利检索策略部分。首先,用发明人为入口进行中文和外文数据库的追踪检索，重点检索是否存在以发明内容为基础撰写的学术论文，以及可作为Y文献使用的、与发明内容相关的现有技术文献。其次，中文和外文数据库关键词检索。相当部分申请为在学术论文基础上作出的改进发明，利用审查员掌握的和从追踪检索中获得的技术术语进行关键词检索。

（3）专利数据库的常规检索。在以上检索均未获得相关文件的情况下，转向中文和外文专利数据库继续进行检索。

其中非专利检索为高校科研院所申请检索的重点，尤其要重视发明人发表文章的追踪检索。

【案例 3–13】

案例要点：非专利文献检索
发明名称：半导体器件的制造
检索针对的内容：

一种制造半导体器件的方法，所述方法包括的步骤为：

（a）在具有包括多个与 GaN 相关的外延层的多个外延层的衬底上，在所述多个外延层的第一表面上形成第一欧姆接触层；（b）从所述多个外延层去除所述衬底；和（c）在所述多个外延层的第二表面上形成第二欧姆接触层，所述第二欧姆接触层具有形成于其上的结合焊盘。

检索过程：

该技术方案主要涉及发光二极管（LED）的欧姆接触层制作，并进行衬底剥离。在现有技术中，由于激光剥离技术制造 LED 是一种较常规的技术，预期在外文非专利数据库中存在较多现有技术，故优先采用半导体领域外文非专利文献域进行检索：

LED GaN CONTACT LIFT OFF　site：jjap.ipap.jp OR site：elsevier.com OR site：link.aip.org OR site：iop.org OR site：mrs.org OR site：ieeexplore.iee.org OR site：interscience.wiley.com OR site：springerlink.com

Google 检索结果首页第 3 篇文献即为与本申请非常相关的现有技术文件，如图 3–33 所示。

图 3–33　Google 对案例 3–13 的检索结果

该文件为日本 Japanese Journal of Applied Physics（JJAP）期刊的论文，浏览该篇文献可知检索关键词仅出现在期刊全文中，在摘要中没有记载，如图 3-34 所示。由于 JJAP 网站或文摘数据库 ISI/EI/Inspec/Scitation 仅能对文摘进行检索，故采用上述数据库进行检索将漏检该文件。

此外，采用上述检索词分别在 Google Web 和 Google Scholar 进行常规检索，其中该文件在 Google Web 检索结果的前三页中没有出现，仅出现在 Google Scholar 检索结果的第三页。由此可见，使用上述半导体领域特定域进行检索，可有效提高 Google 检索的准确性和检索效率。

（案例提供人：马志勇）

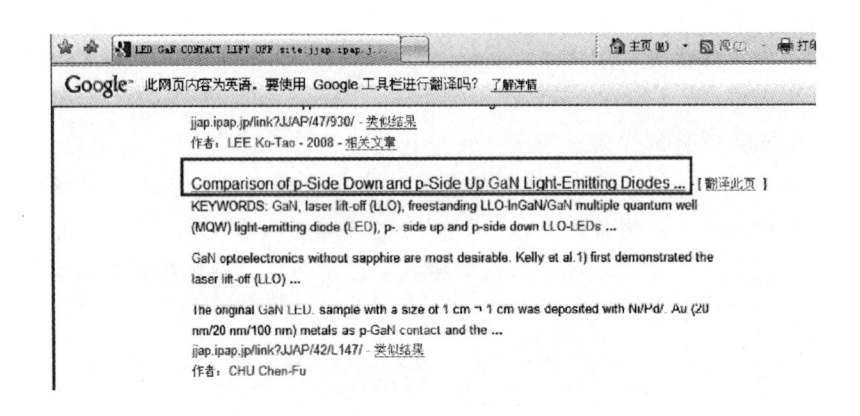

图 3-34　案例 3-13 的相关现有技术文件

（五）我国台湾地区申请检索策略

我国台湾地区申请是半导体领域申请数量多、且非常重要的一类申请，申请量占据半导体领域总申请量的 17% 左右。台湾地区申请具有鲜明的申请特点：① 相当部分申请发明高度较低，在专利文摘库难以有效检索；② 存在可借鉴的准同族申请；③ 技术上关联，在台湾地区专利库检索更加有效。除了常规检索流程外，我国台湾地区申请需要重视以下方面的检索：

（1）对于发明高度较低申请，重视专利全文数据库的检索。

（2）我国台湾地区关联申请多，重视台湾数据库的检索。目前 S 系统提供了 TWABS 数据库可供检索。TWABS 数据库为台湾地区专利公报库，可检索的内容包括：发明名称、摘要、权利要求及说明书附图说明。在 TWABS 数据库检索时，要注意检索公报内容为繁体，应采用繁体字输入或打开 S 系统简繁体转换开关，如图 3-35 所示。

（3）准同族追踪检索。我国台湾地区的专利申请有相当一部分没有要求优先权，其经常会在美国等国家同时提交一份专利申请，因此经常需要参考其准同族的检索报告和审查意见。查找准同族的方法有：

① 发明人检索。利用在 EPOQUE 系统 EPODOC 数据库或 S 系统 SIPOABS 数据库中发明人格式为全称的特点进行准同族查找，是目前比较简单、有效的一种方法。

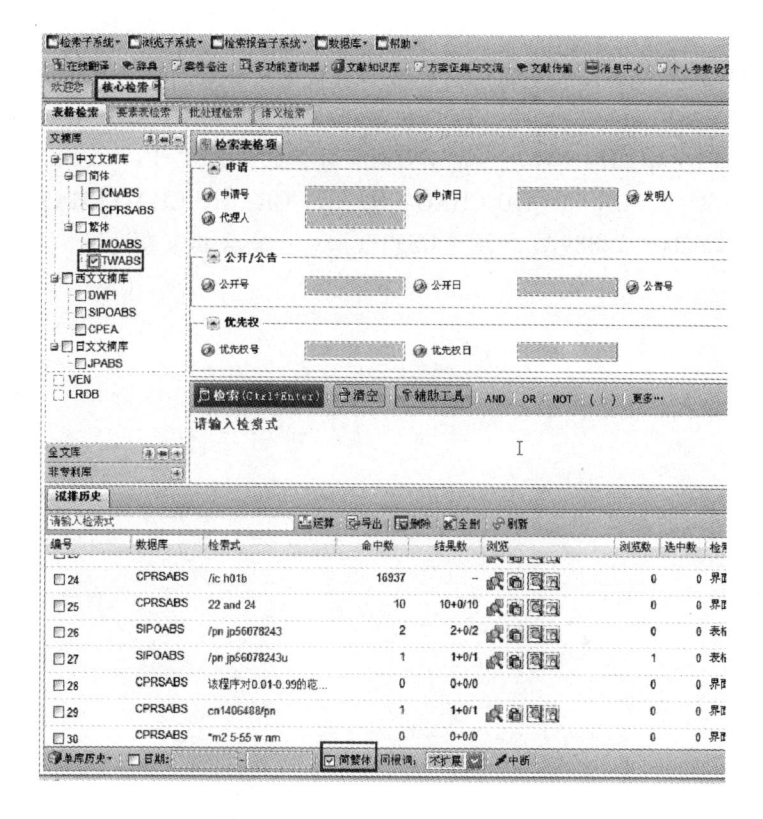

图 3-35 TWABS 数据库检索界面

首先，在 TWABS 数据库输入繁体字发明人进行检索，将检索结果导入 VIEWER 浏览器进行浏览，要求台湾优先权的准同族将通过浏览直接得到。

其次，未要求台湾优先权的申请，通过浏览找到发明人的台湾拼音全称，然后在 EPODOC 或 SIPOABS 数据库以 AND 或 OR 的格式进行发明人检索。检索格式为 CHEN W CHIN W YUNG（EPODOC）或 CHEN CHIN-YUNG（SIPOABS）。在检索结果显示中，可首先 ".. LI PR TI PN"，快速浏览优先权日期与本申请的申请日比较接近的文献，一般准同族的优先权日和本申请的申请日之间的时间差别在 3 个月以内。

② 优先权检索。利用中国台湾专利数据库检索到台湾在先申请，优先权检索格式需要转换（民国纪年与公元纪年）申请号格式为 095＊＊＊＊＊＊，前 3 位为民国纪年，在 EPOQUE 中利用 PR 字段检索时需要转换为公元纪年 095＋1911，并在＊＊＊＊＊＊前补零，实用新型用 PR 字段检索时需要在申请号后面加 U。

【案例 3-14】

案例要点：准同族检索
发明名称：光学对焦装置
申请号：200710079108.4
发明人：苏汉威　胡朝彰

检索过程：

在 S 系统 TWABS 数据库或外网中国台湾公报数据库检索到发明人的台湾拼音为"SU HAN WEI、HU CHAO CHANG"，在 EPODOC 数据库检索"/IN（SU W HAN W WEI）AND（OR）（HU W CHAO W CHANG）"；在 SIPOABS 数据库检索"/IN（（SU HAN-WEI）OR（SU HAN WEI））AND（OR）（（HU CHAO-CHANG）OR（HU CHAO CHANG））"。分别得到本申请准同族 US2008174889A1，再到 USPTO 网站上查看其审查过程。

（案例提供人：马志勇）

第四章　电子器件领域实用检索技巧

本章将通过电子器件领域几个实际的检索案例介绍如何针对申请的特点、权利要求的特点制定有效的检索策略、进行高效的检索。

一、常规检索手段的调整与转换

（一）分类号的调整

【案例 4-1】

案例要点：在发明点涉及电子器件的结构、层厚、材料、制作过程、加工和操作方法等细节时，使用比 IPC 分类更细的 FI/F-term 分类进行检索能快速得到检索结果

发明名称：一种有机太阳电池的结构及其该结构制备的有机太阳电池

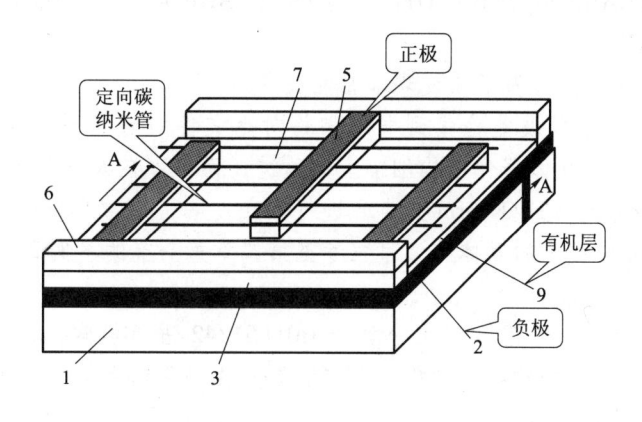

图 4-1　本申请附图

检索针对的内容：
（1）独立权利要求 1：一种有机太阳电池的结构，至少包括在基板上制备的正极、负极和光伏特性的有机物层，其特征在于，在正极和光伏特性的有机物层之间有定向碳纳米管阵列构成的空穴传输层。

（2）如权利要求 1 所述的有机太阳电池的结构，其特征在于，所述的定向碳纳米管阵列为大量沉积在正极上的定向排列的碳纳米管，并与正极形成欧姆接触，碳纳米管是平行于基板的单壁碳纳米管，或者是多壁碳纳米管，或者是单壁碳纳米管和多壁碳纳米管的混合。

从说明书可以得知，本申请的核心是通过在太阳电池的正极和负极之间具有光伏特性的有机物层和定向碳纳米管阵列，并采用定向碳纳米管阵列作为空穴传输层，激子在碳纳米管与光伏有机物界面附近能够有效电离，同时碳纳米管均直接与条形电极相连接，激子

分离后所生成的空穴能够顺利到达电极，从而提高了太阳电池的光电转换效率。因此，检索的重点是在太阳电池的正极和负极之间具有光伏特性的有机物层和定向碳纳米管阵列，同时碳纳米管均直接与条形电极相连接。

基于上述分析，权利要求1的基本检索要素为"太阳电池"、"碳纳米管"和"有机"。

检索过程：

(1) 首先对太阳电池和碳纳米管的关键词进行扩展，使用关键词进行检索：

在 CPRS 中，检索式如下：

1 F KW 碳纳米管+纳米碳管 <hits：1779>
2 F KW 太阳电池+太阳能电池+光伏 <hits：4034>
J 1*2 <hits：11>

通过浏览，发现了 CN1868075A，其同族 EP1507298A1，公开了从属权利要求2的附加技术特征，但并未公开独立权利要求1的技术方案。

(2) 使用该申请给出的分类号结合关键词在 EPODOC 和 WPI 族数据库进行检索：

1 153904 (SOLAR W CELL?) OR (SOLAR W BATTER???) OR (PHOTOVOLT+) OR (PHOTO W VOLT+) OR H01L51/4+/IC
2 30904   (CARBON W NANOTUBE?) OR (CARBON W NANO W TUBE?)
3 1163   1 AND 2

得到的结果太多，且浏览后未发现非常相关的对比文件。

(3) 在上述检索手段没能检索到非常相关对比文件的情况下，考虑转换检索思路。由于该申请主要涉及半导体器件结构细节上的改进，而日本在太阳电池领域占据较大比例的申请量，因此考虑使用 FI/F-term 分类号进行检索。

使用 FI/F-term 分类号的具体检索过程参见第二章第一节的案例2-7。

案例启示：

从本案例可以看出，采用本案主分类号 H01L51/42 进行检索，未发现相关文献，通过使用 FI/F-term 则快速检索到了影响独立权利要求1新颖性的对比文件。因此，在发明点涉及电子器件的结构、层厚、材料、制作过程、加工和操作方法等细节方面时，可以考虑使用比 IPC 分类更细的 FI/F-term 分类。

（案例提供人：王小东）

（二）关键词的调整

1. 关键词之间的调整

【案例4-2】

案例要点： 对于权利要求较长、且存在较多细节性技术特征的申请在国内外专利数据库中均找不到合适对比文件的情况下，可以考虑使用外网 Google 检索

发明名称： 一种全自动手持式智能渔网网目测量仪

检索针对的内容：

独立权利要求1：一种全自动手持式智能渔网网目测量仪，其特征在于：包括测量仪壳体(1)，测量仪壳体(1)内设有电子控制机构、传动机构、驱动电机(2)及测量机

构,传动机构的一端与驱动电机(2)连接,传动机构另一端连接测量机构,测量机构内设有传感机构与电子控制机构连接。

权利要求2:根据权利要求1所述的一种全自动手持式智能渔网网目测量仪,其特征在于:测量机构包括与传动机构活动部分连接的活动量爪(6)及与活动量爪(6)配合使用的连接于传动机构固定部分的固定量爪(7),固定量爪(7)上设置传感机构并与电子控制机构连接。

权利要求3:根据权利要求2所述的一种全自动手持式智能渔网网目测量仪,其特征在于:所述的电子控制机构包括设在测量仪壳体(1)上的开关面板(4)、数字显示电路板(41)、数据存储装置(42)以及固定在驱动电机(2)上的驱动电路板(10),所述开关面板(4)、数字显示电路板(41)、数据存储装置(42)以及驱动电路板(10)与设在测量仪壳体(1)内的中心微处理器(43)电连接。

从说明书可以得知,本申请的核心是内部具有电子控制机构、传动机构、驱动电机(2)及测量机构的全自动手持式智能渔网网目测量仪,因此,检索的重点放在其内部构件上。

检索过程:

(1)首先在 CNPAT、WPI 和 EPODOC 中以申请人、发明人或关键词为检索入口,仅得到申请人自己的一篇实用新型专利 CN201463839U,可以作为 R 文件。

(2)继续在外网 google 检索,分析本申请的技术方案并采用以下检索要素:

1. 网目,渔网→nets and size
2. 测量,检测→measure +
3. 测量力→force

在 Google 中使用"nets measure size fish force"关键词检索,检索得到的文献量太大,而且没有获得较相关的对比文件。此时考虑调整检索策略,考虑到本申请与传统测量网眼工具的区别是使用了电子控制机构、测量机构、传感机构,这些机构的共性是都使用了电子测量的方式,因此,对"电子控制机构、测量机构、传感机构"几个下位关键词进行概括,利用其共性,提取出上位关键词"电的"/"electrically",将该关键词补充到"nets measure size fish force"关键词中一起进行检索。在得到的检索结果中发现了一个网页中公开了一种工具,该工具的外形很像本申请,进一步查看详细内容,其功能和工作原理与本发明也一样,但是由于是网页内容,其公开日期不具体。如果有相关文章对其内容进行公开则更好;注意到这是一个公司的产品,而且名称为"OMEGE gauge",考虑到其是否会有产品手册发布,于是在网页下方寻找厂家联系方式等信息,发现有一个协议报告,进入链接,获得一篇文章:Protocol for the Use of an Objective Mesh Gauge for Scientific Purposes,Ronald Fonteyne etc,其中相关页的内容能够用来评价本申请的权利要求 1-3、6 的新颖性。

另外,由于已经从上面获知该产品的名称是"OMEGE gauge",在 Google 中输入"OMEGE gauge"以及其他关键词,也能获得相当多介绍该工具的文章,可以用来作为对比文件评价本申请的新颖性或创造性。

案例启示:

本案属于国内个人申请,其技术方案并不复杂,但权利要求较长且存在较多细节性技术特征。在国内外专利数据库中均找不到合适对比文件的情况下，可以考虑使用外网 Google 检索。

本案在检索过程中遇到文献量大并且没有检索到好的对比文件的情况下，及时调整检索策略，对与发明点相关的"电子控制机构、测量机构、传感机构"几个下位关键词进行了概括，利用其共性，提取上位关键词"电的"/"electrically"进行检索，排除了噪声的干扰，很快获得了相关文献，体现出了关键词的概括提取在检索中的重要作用。

本案利用外网数据库进行检索，同时充分利用相关产品进行追踪，取得了较好的结果，此检索过程体现了追踪检索的效力。

（案例提供人：张乾桢）

2. 关键词向分类号的调整

【案例4-3】

案例要点：涉及半导体制造领域，如果方法本身难以用准确的关键词表达，可以考虑使用分类号

发明名称：完全金属硅化栅极与无金属硅化电阻与其制备方法

检索针对的内容：

申请人答复第一次审查意见通知书后修改的独立权利要求4：

一种完全金属硅化栅极与无金属硅化电阻的制备方法，其特征在于，该方法包括：

以半导体材料形成至少一栅极与一电阻，其中该栅极厚度大于500埃；

形成一第一介电层以覆盖该电阻；

进行第一金属硅化制程，至少金属硅化部分该栅极且不金属硅化该电阻；

形成第二介电层以覆盖该电阻；以及进行第二金属硅化制程，以完全金属硅化该栅极。

结合说明书背景技术部分和发明内容部分可以确定本发明要解决的技术问题是：提供一种能够避免过度金属硅化源极/漏极以及避免多晶硅电阻被金属硅化的不需要额外制程的完全金属硅化栅极方法。基于上述分析，权利要求4的基本检索要素为栅（gate?）、电阻（resistor?）、完全硅化（full? Silicid+，FUSI）、"不硅化"、"第一次硅化"、"第二次硅化"。

检索过程：

(1) 首先在 WPI 和 EPODOC 族数据库中使用上述关键词及其同义词进行初步检索：

1	5001	SILICIDE +3D GATE
2	431050	RESISTOR?
3	87	1 AND 2

经过上述检索，没有得到 X 文件，但是检索到了与权利要求4请求保护的技术方案最接近的现有技术（JP 特开 2001 – 250869A），权利要求4与最接近的现有技术公开的内容区别在于：栅极厚度大于500埃，形成第二介电层覆盖电阻，进行第二金属硅化以完全金属硅化栅极。由此可以确定，下一步检索的重点应该集中在多次金属硅化。

接着增加体现上述区别技术特征的关键词：SECOND、THREE、MORE、SEVERAL 体

现多次硅化，在 EPODOC 和 WPI 族数据库中进行以下检索：

1	447	GATE? AND RESISTOR? AND SILICID+
2	4183	(SECOND OR THREE OR MORE OR SEVERAL) 5D SILICID+
3	43	1 AND 2

经过上述检索，没有得到披露上述区别技术特征的对比文件。

（2）再次调整检索思路，考虑到本申请的改进点在于两次硅化步骤，而一次硅化、两次硅化的关键词难以全面准确表达，这属于半导体领域使用关键词检索常见的问题，由于分类号 H01L21/00 及其下位组涉及半导体制造方法，所以考虑使用分类号来检索。首先考虑在 EPODOC 库中使用分类较细的 EC 分类号。

```
.. fi epodoc
 ?     fet and silicid +
 * * SS 1：Results 399
 ?   .. stat ec
 .   #    FREQ  TERM
     1    42   H01L21/336H1L
     2    36   H01L21/336M
     3    34   H01L21/8238G2
     4    28   H01L21/285B4A
     5    27   H01L21/336U
     6    25   H01L21/8238C
     7    24   H01L21/28E2B2P3
         ……
```

根据统计结果结合 EC 分类表确定出合适的 EC 分类号：H01L21/336M2（使用自对准硅化制程制造绝缘栅场效应晶体管，其栅极和源/漏极上硅化物厚度不同），然后使用上述 EC 分类号结合关键词在 EPODOC 库进行以下检索：

8	374	H01L21/336M2/EC
9	340	FULL? W SILICID+
10	30	8 AND 9

浏览上述检索结果，得到了披露上述区别技术特征的对比文件 US6562718B1。

案例启示：

发明涉及半导体器件的制作方法，如果方法本身难以用准确的关键词表达，可以考虑使用分类号，通常考虑使用分类更细的 EC 分类号或 FI/F-term 分类号。

（案例提供人：马志勇）

（三）数据库的调整

1. 摘要库向全文库的转换

【案例 4-4】

案例要点：发明点属于细节的改进可以考虑摘要库与全文库结合使用

发明名称：一种开关磁阻电机的功率变换器

检索针对的内容：

独立权利要求 1：一种开关磁阻电机的功率变换器，所述开关磁阻电机有 n 相绕组，n 为大于 2 的自然数，其特征在于所述功率变换器包括 n 个结构相同的 H 桥电路、n 个熔断丝和母线，每一个 H 桥电路包括 4 个二极管即第一二极管至第四二极管、4 个功率开关管即第一功率开关管至第四功率开关管，母线的负极分别接第二二极管的阳极、第四二极管的阳极、第二功率开关管的源极和第四功率开关管的源极，第一二极管的阴极分别接第三二极管的阴极、第一功率开关管的漏极和第三功率开关管的漏极后接第一熔断丝的一端，第一熔断丝的另一端接母线正极，第一功率开关管的源极分别接第一二极管的阳极、第二功率开关管的漏极、第二二极管的阴极和所述开关磁阻电机的第一相绕组的一端，第三功率开关管的源极分别接第三二极管的阳极、第四功率开关管的漏极、第四二极管的阴极和所述开关磁阻电机的第一相绕组的另一端。

由该申请背景技术部分和发明内容可以得知本申请要解决的技术问题是降低系统的损耗，提高系统的可靠性；本申请的核心是功率变换器的内部结构和内部二极管的阳极与阴极之间的连接关系，这也是检索重点。

检索过程：

下面针对该申请特点寻找合适的检索数据库入口。该申请属于大学申请，大学申请检索中一般首先关注外网的非专利文献，例如申请人/发明人自己发表的文章。因此，在初步检索时首先从申请人/发明人作为入口在非专利文献中进行检索，通过在非专利文献中利用发明人、申请人、关键词等进行检索，并未找到相关文献，然后转到专利库中进行检索。

首先在中文专利库中检索，利用常规的检索手段（分类号+关键词），在中文库中未找到相关文献。

接着在外文专利库检索，按照常规的检索方法，分别在 EPODOC、WPI 中检索，通过查找和统计可以发现，本申请存在一些特别相关的分类号，如 5H501/DD09/FT、5H501/BB08/FT、5H501/EE08/FT、H02P25/08 + /EC/IC 等，利用这些分类号和体现发明点的关键词（例如，FAULT、FAILURE、BROKE???、FUSE）并未检索到相关文献。

由于本申请改进点涉及细节改进，且权利要求较长，在摘要库检索不到情况下考虑利用全文库，即将摘要库的检索结果转库到全文库。检索过程如下：

在 WPI 中检索，利用分类号"H02P/IC"限定出检索的领域，利用关键词"SWITCH???? 1W RELUCTANCE"（本申请的主题）和"MOTOR AND (FAULT OR FAILURE OR ABNORMAL)"（本申请要解决的技术问题）在 WPI 中进一步检索，分类号与关键词检索的结果"相与"后的结果为 4 000 篇左右，将这一结果利用审查员自己编写的转库函数（见下文）转到 TXTUS0 - TXTUS3 中，考虑到 TXTUS0、TXTUS1 都是比较老的文献（1994 年以前），因此先不在这两个库中检索，利用关键词"fuse"在 TXTUS3、TXTUS2 中进一步检索，两个库中的结果分别为 61、62 篇，浏览找到 X 类文献：US5708576A、US6278251B1。

转库函数

从 wpi/epodoc 中向 4 个全文库转库（输入任意的一个检索式）

..-please input the ss number, e.g. 1、2... |
.. lim all |
.. er m1; .. er m2 |
.. mem m1 ss ＄1 /pr rk 1 |
.. mem m2 ss ＄1 /pn rk 1 |
(*m1/pr/al or *m2/pn/al) and us/pn |
.. er m3 |
.. mem m3 SS */pn rk 1 |
.. FI TXTUS0; .. LIM ALL |
*m3/pn/al |
.. FI TXTUS1; .. LIM ALL |
*m3/pn/al |
.. FI TXTUS2; .. LIM ALL |
*m3/pn/al |
.. FI TXTUS3; .. LIM ALL |
*m3/pn/al |
.. hi * |

案例启示：

该申请的发明点属于细节的改进，这种细节的改进一般不会出现在摘要中，检索到的两篇 X 类文献在 WPI、EPODOC 摘要中均未包含 fuse，因此在 WPI 中利用"fuse"作进一步限定并不会得到满意的结果；而如果在全文库中仅利用关键词（如 MOTOR、FAULT、FUSE 等）检索，则结果太大，无法浏览。本案的检索过程体现了摘要库与全文库结合使用的优点。

（案例提供人：马永祥）

2. 专利数据库向外网 Google 的转换

【案例 4-5】

案例要点： 发明点涉及工艺方法，如厚度值等具体参数的限定可以考虑使用 Google.com 在全文检索上的优势

发明名称： 低压有机薄膜晶体管及其制备方法

检索针对的内容：

独立权利要求 1：一种制备有机薄膜晶体管的方法，所述方法包括：通过在衬底上沉积金属而形成栅电极；通过所述栅电极在 100℃ 以下的低温 O_2 等离子体工艺中的直接氧化，自生长厚度小于 10nm 的金属氧化物层，从而在所述栅电极的表面上形成栅介电层；在所述栅介电层上沉积有机半导体层；并且在所述有机半导体层上形成源/漏电极，所述源/漏电极是相互分隔开的。

从说明书可知，发明的核心是通过所述栅电极在 100℃ 以下的低温 O_2 等离子体工艺中的直接氧化，自生长厚度小于 10nm 的金属氧化物层。

基于上述分析,权利要求1的基本检索要素为"有机薄膜晶体管"、"栅介电层"、"厚度小于10nm"、"等离子体工艺中的氧化"。

检索过程:

(1)首先在中文专利库CNPAT中进行检索:将上述中文检索要素块进行全部"与"运算或选择将"有机薄膜晶体管"、"栅介电层"、"等离子体工艺中的氧化"的中文检索要素块进行"与"运算。浏览检索结果发现一篇与本申请具有部分相同的发明人的在先申请,参考该在先申请所引用的对比文件,也没有发现可以影响本申请新颖性或创造性对比文件。

接着在EPODOC库中进行检索:将"organic thin film transistor(OTFT)"、"gate"、"the growth thickness less than 10nm"的英文检索要素块进行"与"运算或选择将"organic thin film transistor(OTFT)"、"gate"、"the oxidation process in plasma"的英文检索要素块进行"与"运算,并在EPODOC库中进行检索,也没有发现可以影响本申请新颖性或创造性的对比文件。

(2)关键词组合无效的情况下,转换检索手段,考虑使用"分类号AND关键词"的检索思路,仍然在EPODOC数据库中进行检索:

用EC分类号H01L51/05B2B2D结合基本检索要素"the oxidation process in plasma"的关键词,采用"分类号AND关键词"的检索式进行检索,也没有发现可以影响本申请新颖性或创造性的对比文件。

在EPODOC数据库中,用FT分类号5F110/GG05或5F110/FF01结合基本检索要素"the oxidation process in plasma"的关键词或FT分类号进行检索,也没有发现可以影响本申请新颖性或创造性的对比文件。

(3)在中英文专利数据库中检索均未获得合适的对比文件的情况下,考虑转库,尝试在Google.com中检索。

在Google.com中输入涉及技术领域的关键词OTFT、涉及栅介质层厚度的关键词ultrathin,以及涉及工艺方法的关键词oxygen和plasma,并将上述各关键词进行"与"组合,可以获得两篇X类专利文献。

案例启示:

本案的发明点在于"通过栅电极在100℃以下的低温O_2等离子体工艺中的直接氧化,自生长厚度小于10nm的金属氧化物层,从而在所述栅电极的表面上形成栅介电层",但是无论是O_2等离子体直接氧化的工艺方法,还是有关厚度值的具体限定,均难以在专利摘要库中得以体现。由此,运用了Google.com在全文检索上的优势,在Google.com第一页前两位即命中了两篇X类非专利文献。此外,虽然权利要求书通篇都没有记载"超薄"或"极薄"的关键词,但说明书部分共有5处强调了有机薄膜晶体管的栅介电层为超薄金属氧化物,由此,当确定基本检索要素"生长厚度小于10nm"后,可以从检索要素词义的角度扩展出"超薄"或"极薄"的关键词。

(案例提供人:刘中涛)

（四）追踪检索

【案例 4-6】

案例要点：考虑申请人或发明人进行追踪检索
发明名称：COMS 图像传感器及其制造方法
检索针对的内容：

独立权利要求 1：一种 CMOS 图像传感器，包括：第一栅电极，位于半导体衬底上；光电二极管，在所述半导体衬底中位于所述第一栅电极的一侧；浮置扩散区，在所述半导体衬底中位于所述第一栅电极的相对一侧；电容，包括连接到所述浮置扩散区的下电容电极、位于所述下电容电极上的电介质层，和上电容电极；驱动晶体管，具有连接到所述浮置扩散区和所述下电容电极的第二栅电极。

本申请要解决的技术问题是提供一种能够通过提高浮置扩散节点的电子储存量来改善 CMOS 图像传感器的动态范围的 CMOS 图像传感器及其制造方法；本申请的核心是提高浮置扩散区的电子容量。基于上述分析，权利要求 1 的基本检索要素为"图像传感器"、"浮动扩散区"和"电容"。

检索过程：

（1）首先在 CPRS 中使用申请人和关键词结合进行检索，检索过程如下：
（001） F PA 东部 ＜hits:1094＞
（002） F KW 电容 ＜hits:60478＞
（003） J 1 * 2 ＜hits:41＞
（004） F KW 电容 *（图像传感器 + 图像传感器 + 固体成像 + 固体摄像）＜hits:119＞
没有发现相关对比文件。

（2）接着在 EPODOC 库使用优先权检索，发现美国、德国、日本、韩国同族，根据同族确定相关 EC 分类号 H01L27/146A+，使用该分类号结合关键词检索：

File：EPODOC
1　12786　/EC H01L27/146A+
2　12786　..LIM　1
3　　402　FLOAT+ W DIFFUS+
4　　627　CAPACIT+
5　　 82　3 AND 4

浏览后未发现可以评述本申请的对比文件，但发现多个非常相关的文献，其申请人均为"微米技术有限公司"，发明人为"rhodes"，于是利用该发明人结合关键词在 WPI 和 EPODOC 族数据库进行追踪检索：

1　10163　/IN RHODES
2　10163　..LIM　1
3　　689　IMAG+
4　　304　CAPACIT+
5　　100　FLOAT+ W DIFFUS+

6   19   3 AND 4 AND 5

浏览后快速获得 X 类对比文件 US6960796B2。

案例启示：

在浏览检索结果的过程中，发现该技术的优势企业和发明人，并利用申请人或发明人进行追踪检索有时能更快速找到对比文件。

（案例提供人：王小东）

【案例 4-7】

案例要点： 对发明点技术手段的关键词无法准确提取时，可以考虑从背景技术存在的技术问题入手获取准确的关键词

发明名称： 有机发光显示器、制造方法及可移动显示器

检索针对的内容：

独立权利要求 1：一种有机发光显示器包括：

晶体管，在基底上；

下电极，在所述基底上，所述下电极电连接到所述晶体管；

有机发光层，在所述下电极上；

上电极，在所述有机发光层上；

缓冲层，形成在所述上电极上，以将预定厚度的上电极改性为不导电的材料。

由申请的背景技术以及说明书发明内容部分可以得知本申请要解决的技术问题是减少或防止暗点产生；本申请的核心在于通过在上电极上提供了使预定厚度的上电极不导电的缓冲层，来使得即使存在于下电极上的颗粒导致有机层不均匀沉积，也只有上电极的不导电的表面会接触下电极，防止了发光单元短路。由此确定权利要求的基本检索要素为"有机发光"、"缓冲层"、"改性"/"短路"。

检索过程：

(1) 涉及对电极的改性，考虑使用分类号检索，首先寻找比较相关的 EC 分类号。

H01L51/52 . . 器件的零部件

H01L51/52B . . . 电极

H01L51/52C . . . 钝化；器件外壳；封装，如抗潮湿

然后使用上述相关分类号在 EPODOC 中进行检索：

. . fi epodoc

?   H01L51/52B/EC or H01L51/52C/EC

** SS 1：Results 7.092

(2) 为了缩减浏览的篇幅，对检索结果加入合适的关键词 buffer，short+ 进一步限定，未发现相关对比文件。于是考虑从发明要解决的技术问题入手提取关键词，由于背景技术存在的技术问题是"存在颗粒导致有机层的不均匀沉积，从而上下电极短路"，从中提取关键词"particle?"，采用该关键词在 epodoc 中继续进行检索：

?   1 and particle?

** SS 2：Results 142

得到 142 篇文献，其中 WO2006/027736A1 技术内容很相关，但时间不可用。跟踪其

CT 字段之后,得到能够评述权利要求 1、6~11 的新颖性与权利要求 2~3、12~14、17~20 的创造性的 X 文件 JP 特开 2002025769A。

案例启示:

从本案例可以看出,在找到合适的 EC 号之后,要多尝试不同角度的关键词,本案中直到采用了"particle?"这一关键词,才找到相关文献。本案的技术手段"上电极上提供了使预定厚度的上电极不导电的缓冲层"不易于提取准确的关键词,不适于常见的对发明点技术手段的关键词的概括和提取,这里从背景技术存在的技术问题入手可以获取准确的关键词。另外,相关文献时间不可用时,可以考虑对其进行跟踪检索。

(案例提供人:王 翠)

(五)算符的调整

【案例 4-8】

案例要点:善于根据申请的特点灵活选取算符(NOT)
发明名称:准双栅场效应晶体管
检索针对的内容:

独立权利要求 1:一种准双栅场效应晶体管,包括:源、漏区、体以及前、后栅,源、漏区与体之间设有隔离区,其特征在于:前栅为多晶硅,前栅与体之间通过栅氧连接,后栅为掺杂的单晶硅,后栅与体固定连接,形成 P-N 结。

结合说明书背景技术和发明内容可以得知本申请要解决的技术问题是提供一种 FinFET,既可以得到很低的泄漏电流和很高的驱动电流的电学特性,又可以缓解器件的热电子效应;本申请的核心是后栅为掺杂的单晶硅,实现了控制栅与体的直接连接形成 P-N 结,大大加强了器件的栅控能力;前栅为普通的多晶硅栅,可以得到很高的驱动电流和很低的泄漏电流。因此,检索的重点是在后栅为掺杂的单晶硅,前栅为普通的多晶硅栅。

基于上述分析,权利要求 1 的基本检索要素为"准双栅场效应晶体管"、"后栅"和"通过掺杂形成 P-N 结"。

检索过程:

(1)首先使用上述关键词及其同义词与其余检索要素或分类号组合的方式进行初步检索。

1　58　finfet and (dop+ or implant+ or ion?)
2　74　((double or bipolar or front or back or upper or lower) w (gat+ or grid)) and (pn w junct+)

在检索式 1 和检索式 2 中均没有找到特别相关的对比文件。

(2)调整检索思路。

在阅读检索结果的过程中,发现大量的双栅都是具有栅氧化层的,而本申请之所以具有 PN 结,是因为栅和沟道之间缺少栅氧化层。因此,考虑发明点实质上是省略了栅氧化层,使用 NOT 检索词进行检索。

? 3　685721　GATE NOT ((GATE W OXID+) OR (GATE W INSULAT+) OR (GATE W DIELECTR+))

? 4　175　3 AND（PN W JUNCT+）AND（DOP+ OR IMPLANT+）AND（SI OR SILICON）

得到了能够评述全部权利要求创造性的 X 文件 EP0299185 A2。

案例启示：

全面分析技术方案，要看准发明的改进点，并对其进行准确表达。善于根据申请的特点灵活选取算符（NOT），在未检索到对比文件时，要积极改变检索思路。

（案例提供人：梁素平）

【案例 4-9】

案例要点： 在外网 Google 中检索时，灵活使用语法算符

发明名称： 混合材料反型模式圆柱体全包围栅 CMOS 场效应晶体管

检索针对内容：

独立权利要求 1：一种混合材料反型模式圆柱体全包围栅 CMOS 场效应晶体管，包括：底层半导体衬底、具有第一沟道的 PMOS 区域、具有第二沟道的 NMOS 区域及一个栅区域，其特征在于：

所述第一沟道及第二沟道均为圆柱体，且具有不同的半导体材料，所述第一沟道为 n 型 Ge 材料，所述第二沟道为 p 型 Si 材料；

所述栅区域将所述第一沟道及第二沟道的表面完全包围；

在所述 PMOS 区域与 NMOS 区域之间，除栅区域以外，设有第一埋层氧化层；

在所述 PMOS 区域与所述底层半导体衬底之间或 NMOS 区域与所述底层半导体衬底之间，除栅区域以外，设有第二埋层氧化层。

由本申请背景技术和发明内容可以得知本申请要解决的技术问题是提出一种新型的工作于反型模式、具有混合材料的圆柱体全包围栅 CMOS 场效应晶体管。其发明的核心在于 NMOS 和 PMOS 器件沟道具有不同的材料且均有埋层氧化层将其与衬底隔离。

基于上述分析，权利要求 1 的基本检索要素为"圆柱体全包围栅 CMOS 场效应晶体管"、"反型"、"混合材料"/"硅"/"锗"、"沟道"。

检索过程：

在 EPOQUE 和 CPRS 系统中使用分类号、关键词等结合构建检索式，发现文献量很少，仅仅通过申请人和发明人在 CPRS 中检索到一篇疑为 Y 类的中文专利文献，其与本申请区别点很小，其区别仅在于本申请"PMOS 沟道采用锗材料"。考虑到 Google 在全文检索上的优势，于是转到 Google 中继续进行检索。检索中灵活使用""、* 和 ~ 等语法算符，准确表达检索意图，并通过组合具体技术领域和区别技术特征，检索到一篇 Y 类非专利文献。

在 GOOGLE 中的检索 Y 类文献的检索式如下：

（GAA OR（GATE 2D ALL 2D AROUND））CMOS "INVERSION MODE" HYBRID * CHANNEL；

（GAA OR（GATE 2D ALL 2D AROUND））CMOS "INVERSION MODE" HYBRID ~ GE。

案例启示：

在专利数据库检索遇到瓶颈时，可以考虑到 Google 中检索，检索时灵活使用""、*

和~等语法算符,准确表达检索意图,并通过组合具体技术领域和区别技术特征,往往能快速检索到合适的 Y 类对比文件。

（案例提供人：梁素平）

（六）公司代码检索

【案例 4-10】

案例要点：使用 CPY 搭配关键词或分类号检索
发明名称：具有透明导电层的全方位反射器发光二极管
检索针对内容：
独立权利要求 1：一种具有透明导电层的全方位反射器的反射层,至少包含：
一透明导电层；
一金属反射层；以及
介于该透明导电层及该金属反射层之间的一附着层。
独立权利要求 2：一种具有透明导电层的全方位反射器发光二极管,至少包含：
一基板；
一金属反射层；
一附着层,形成于该金属反射层之上；
一透明导电层,形成于该附着层之上；
一 LED 叠层,形成于该透明导电层之上；以及
一介于该基板及该金属反射层之间的一黏结层。

从说明书可以得知本申请要解决 ITO/Cr/Ag 或 ITO/Cr/Al 结构的元件无法有效提高亮度的缺点并改善 ODR-LED 的 ITO 与 Ag 之间的附着性不佳的缺点；本申请的核心是在发光二极管的 ITO 层与金属反射层 Ag 之间形成一附着层（选自 SiN_x、SiO_2、SiO 及 TiO_2 材料组中至少一种）。

基于上述分析,权利要求 1 的基本检索要素为"发光二极管"、"ITO"、"金属反射层/reflect+"、"附着/粘附/adhesiv+"。

检索过程：

该案例是我国台湾地区的申请,其在国内申请通常没有优先权,但台湾地区申请人会就相同内容的申请同时在我国台湾地区、美国或日本申请。此时可考虑使用公司代码 CPY 结合关键词检索。

首先在 WPI 中查看本申请的 CPY：
cn1734798/pn
SS1：Results 1
.. li cpy
CPY-EPIS-N
然后使用该 cpy 结合关键词进行检索：
EPIS-N/cpy
SS 3：Results 477

3 and adhesiv+
SS 4：Results 63

检索得到对比文件1（US2004104393A1）和对比文件2（CN1516296A），都可以评述独立权利要求1的新颖性，同时也公开了独立权利要求2的大部分技术特征。

案例启示：

在检索中可以考虑使用CPY搭配关键词或分类号检索，使用CPY检索比用申请人检索有优势，因为相对于总公司和分公司申请人可能是不同的，但对标准公司而言却可以有相同的CPY。

（案例提供人：梁素平）

二、非常规检索手段的调整与转换

（一）图片入口检索

【案例4-11】

案例要点： 对于有些明确已经被使用但不容易找到书面证据的技术方案的检索可以考虑以图片为入口检索

发明名称： 一种预装地下式箱式变压器

检索针对的内容：

独立权利要求1：一种预装地下式箱式变压器，其特征是：包括地下式变压器、容纳变压器的地坑和广告灯箱，地坑连同所述的变压器填埋在地下，广告灯箱位于地面，广告灯箱通过百页式通风机构与地坑连接，广告灯箱内设有低压配电控制装置。

检索过程：

首先在国内外专利范围内检索，没有能获得X/Y/E/R类对比文件；当审查员转入到CNKI数据库并在《中国重要报纸全文数据库》中检索时，发现一篇新闻稿A"我市试用地埋式变压器——为全省首台用于市政路灯的地埋式变压器"（厦门日报2006年1月12日），该新闻稿A出版日期早于本新型的申请日，属于现有技术，而且从新闻稿A的文件描述来看，本新型保护的"地下式箱式变压器"已明确被使用。但是由于该新闻稿A没有附图，文字描述较为简单，从中不能得到足够的技术特征以用于有效评述权利要求。

在明确已被使用但没有书面证据的情况下，审查员考虑到附图一般能公开较多的技术细节，因而在外网（如"百度"或"谷歌"）的"图片"搜索中重点查找带有图片的新闻稿件，并成功找到了一篇网络公开日期早于本新型申请日、配备了附图的网络新闻B，该附图公开了足够的技术细节，使其与文字部分公开的信息相配合能评述本新型保护的"预装地下式箱式变压器"不具备创造性。该网络新闻B名称为"万伏变压器隐身地下"，出自"河北省电力需求侧管理综合网"。同时在2011年1月20日的网络中，可以找到可作为现有技术的另一网络新闻C，该网络新闻C与先前的网络新闻B的网络发表时间相同，并且具有同样的图片，也能评述本新型保护的变压器不具备创造性。该另一网络新闻C名称为"万伏变压器安在地下"，出自"搜狐新闻"。

案例启示:

在难以取得书证的情况下,在外网中采用图片为检索入口,并成功检索到可作为有效对比文件的网络新闻稿。对于有些明确已经被使用但不容易找到书面证据的技术方案的检索可以以此方法作为一种尝试。

(案例提供人:邵 烨)

(二) 行业协会网站入口检索

【案例 4-12】

案例要点:提供了通过行业技术网站检索的途径
发明名称:晶硅太阳能光伏电池组封装工艺
检索针对的内容:

一种晶硅太阳能光伏电池组封装工艺,其特征在于该光伏电池封装工艺包括以下步骤:

......

层压敷设:背面串接好且经过检验合格的组件串,按照一定的层次敷设,敷设层次由下向上为:玻璃、EVA、电池、EVA、背板;

组件层压:敷设好的组件串放入层压机内,通过抽真空将空气抽出,加热使 EVA 熔化将组件串、玻璃和背板粘接在一起,固化形成电池组;抽真空时间为 6 分 40 秒,真空度 0.1Mpa;层压分 3 步:一次为 30 秒,二次为 50 秒,三次为 12 分 40 秒;固化温度为 150℃,固化时间 4 分 20 秒;

......

由本发明背景技术和发明内容可知本发明的核心在于封装时层压抽真空除气泡,层压分次进行。

基于上述分析,权利要求 1 的基本检索要素为"晶硅太阳能光伏电池"、"封装"、"层压"、"气泡"。

检索过程:

首先在 CPRS 使用上述检索要素进行检索:
(006)　F KW 晶硅太阳能光伏电池 <hits:8>
(007)　F KW 封装 + 组装 <hits:108616>
(008)　F KW 太阳能电池 + 太阳电池 + 光伏电池 <hits:13074>
(009)　J 7 * 8 <hits:787>
(010)　F KW 层压 <hits:7318>
(011)　J 9 * 10 <hits:89>
没有检索到合适的对比文件。
接着在 EPODOC 和 WPI 族数据库中进行检索:
1　137021　(SOLAR W CELL?) OR (SOLAR W BATTER???) OR (PHOTOVOLT+) OR (PHOTO W VOLT+)
2　736249　LAMINAT+

3	7552	1 AND 2
4	173498	BUBBLE?
5	103	3 AND 4

也没有检索到合适的对比文件。

在上述使用关键词进行检索没有得到合适的对比文件，也没有合适的分类号的情况下，由于封装属于电子器件领域基本的工艺，因此尝试到行业协会网站检索。通过使用"太阳能"、"光伏电池"、"封装"作为关键词在中国电子元件行业协会网站检索，检索得到一篇现有技术文件"电子知识：太阳能电池（组件）生产工艺"，并作为对比文件1评述全部权利要求不具备创造性，该发明最终在"二通"后视撤。

案例启示：

本案利用外网资源进行补充检索，在行业技术网站得到了能够评述创造性的现有技术，获得了申请人的认可，提供了一种新的检索途径。

（案例提供人：王　翠）